门店精细化管理

（第二版）

邰昌宝　著

台海出版社

图书在版编目（CIP）数据

门店精细化管理 / 邰昌宝著 . –– 2 版 . –– 北京：

台海出版社，2019.5

　ISBN 978-7-5168-2336-1

　Ⅰ . ①门… Ⅱ . ①邰… Ⅲ . ①商店 – 商业管理 Ⅳ .

① F717

中国版本图书馆 CIP 数据核字 (2019) 第 071426 号

门店精细化管理（第二版）

著　　者：邰昌宝		
责任编辑：王　萍	装帧设计：胡　椒	
版式设计：李　丽	责任印制：蔡　旭	

出版发行：台海出版社

地　　址：北京市东城区景山东街 20 号　　邮政编码：100009

电　　话：010-64041652（发行，邮购）

传　　真：010-84045799（总编室）

网　　址：www.taimeng.org.cn/thcbs/default.htm

E–mail：thcbs@126.com

经　　销：全国各地新华书店

印　　刷：北京时捷印刷有限公司

本书如有破损、缺页、装订错误，请与本社联系调换

开　　本：787mm×1092mm　　1/16

字　　数：151 千字　　　　印　张：13

版　　次：2019 年 5 月第 1 版　　印　次：2019 年 5 月第 1 次印刷

书　　号：ISBN 978-7-5168-2336-1

定　　价：55.00 元

前　言

感悟发展之道，实现品牌崛起

新时代，随着门店的不断扩展，商品种类和店员的不断增长，门店管理也陷入了艰难的困境之中。如何走出门店管理的困局，实现门店的精细化管理，关键在于门店是否有一个优秀的管理者。

门店管理者是门店经营的核心领导人，他们的能力决定着门店的发展。一名优秀的门店管理者，在门店管理中还能起到纽带的作用。他们能够将公司的相关信息传递给员工，也能够将员工的意见反馈给上级。同时，门店管理者还是门店决策的执行者，对品牌的推广和影响起着积极的作用。

但是，门店的发展单凭管理者一个人的力量是不行的。要想实现门店业绩增长，就要求门店管理者具备强大的管理能力，能够通过下属完成工作任务，实现门店经营目标。而如何做好门店精细化管理，作者在 2013 年出版的《门店精细化管理》一书中，从不同角度阐述了门店精细化管理的基本法则，书中对门店运作管理、商品管理、销售管理、实现员工激励

等，做出了非常详细的解释，旨在帮助读者理解其中的含义，并能够将这些方法运用到实际的门店管理工作中。

《门店精细化管理》出版于 2013 年，距今已经过去五年。在这五年中，门店和店员的数量依然在不断增长，门店管理工作的难度也在不断增加。而在这五年里，作者对门店管理的研究并没有止步。

为了适应时代和社会的发展，满足新时代、新形势下的市场需求，作者在《门店精细化管理》的基础上，删减了一些陈旧的内容，增添了新的内容，如管理者的职业化意识、门店数据化管理等。这些内容都是从实际的门店管理经验中研究得来的，能够帮助新时代的管理者解决更多的门店精细化管理中存在的问题。

本书共分为六大章节，分别从不同的角度阐述了门店精细化管理的方式。第一章从门店管理者的自我修养入手，讲述了门店管理者应该具备职业化意识。后面的章节对门店人员管理机制、门店商品数据化管理、门店卖场管理机制、门店销售管理系统、门店客户管理系统等做出了非常详细的阐述，旨在帮助读者深入理解其中的含义，并提炼其中的精髓，能够将其运用到实际的门店管理工作中。

作者结合自己培训中遇到的实际案例和自己管理门店时的亲身经历，将要表达的内容融于故事中，帮助读者更加直观地领会书中的方法。作为《门店精细化管理》的全新修订版，本书将为门店管理者打开新时代的大门。

邰昌宝

2019 年 2 月

目 录
CONTENTS

">
门店
精细化管理

">**第四章   门店卖场管理机制建立实施**

1. 门店现场管理问题   123

■ 注重门店和人员形象   124

■ 搞好营业流程管理   125

■ 编制《四季陈列标准手册》   125

■ 做好市场信息管理   126

2. 门店卖场监督标准建立   128

■ 门店人员监督标准建立   128

■ 门店货品监督标准建立   132

■ 门店现场监督标准建立   134

3. 门店营业流程建设   137

■ 店长一日工作流程   137

■ 店员一日工作流程   141

4. 门店资讯管理   143

■ 了解信息得有深度、广度   144

■ 营销活动后应当及时反馈市场信息   145

■ 分清真实信息和虚假信息   145

第五章   门店销售管理系统

1. 门店目标管理现状   149

■ 不知如何分解目标   149

■ 不懂如何监控营业目标的达成   151

第一章
门店管理者的自我修炼

门店管理者不是普通的员工，因此必须站在经营者的角度，努力帮助门店达成经营目标。而要达到目标，门店管理者就要有职业化的意识、职业化的行为规范和职业化的技能。职业化是衡量一名管理者是否合格的标准，也是一名优秀的管理者必备的能力。本章主要从职业化意识、职业化行为规范、职业化技能三个方面入手讲述门店管理者的自我修养，旨在帮助门店管理者认识职业化，了解职业化，并做到职业化。只有达到了职业化，门店管理者的管理工作才能得心应手。

1. 什么是职业化

在市场竞争愈来愈激烈的时代，终端门店之间的竞争将不再是商品之间的竞争，不再是地段的竞争，不再是陈列和装修的竞争，也不是客流的竞争，而是客户盈利模式的竞争。而门店要想吸引更多的客户，领导者就需要懂得一个道理：利益背后的原则至高无上，简单来说，一切管理都要做到职业化。这样做的目的是，为顾客提供至高无上的服务，进而打动顾客，提高门店业绩。

何为职业化？目前定义有很多。职业化的传统概念是：按时上班，听老板的话，老板让干什么就干什么。这是旧时代人对职业化的理解。在他们看来，一个人是否敬业，就看他上班是否准时，在工作中，能否按照领导的指示，做好自己的工作。但是时代在发展，工作模式也在变化，人们的思维也在变化，传统意义上的职业化已经不符合现代人对工作的要求。所以，新时代的职业化，不再是老板让干什么就干什么。新时代的职业化概念有三个核心：客户、职业化和职业生涯。

所谓的职业化，简单来说就是一种工作状态的标准化、规范化、制度化，换句话说就是在合适的时间、合适的地点，用合适的方式，说合适的话，做合适的事。在管理工作中，采取职业化的管理模式，能够使员工在知识、观念、思维、态度、技能、心理上符合职业规范和标准。具体来说，职业化包含三部分内容：职业化意识、职业化行为规范和职业化技能。

■ 职业化意识

在职业化包含的三部分内容中，职业化意识是最难做到的。职业化意识，在职业化过程中起着十分关键的作用。所谓的职业化意识，是指企业员工十分清楚自己在企业中扮演什么样的角色，应该承担的基本职责是什么，明确知道什么事情该做，什么事情不该做。

但是在实际的企业管理中，很少有人能培养自己职业化的意识。老板依旧是按照自己的想法去做决策，而员工也只会按照老板的要求，按部就班完成自己的任务。似乎没有人有自己的意识，知道自己应该担任什么责任，需要如何做才能为企业创造更多的效益。

这种无意识的状态，让大家看上去像一个打工的机器人，毫无激情和斗志。很显然，在这种缺乏职业化意识的企业中，企业的运转速度将会大大降低。因此，要想企业高效运转，就需要企业的老板和员工都具备职业化的意识，即老板用打工的心态做决策，老板不做员工做的事情；员工用老板的心态打工，员工不要想老板的事情。也就是说，各自都要明确自己的角色和职责，做好自己需要做的事情，将自己的潜能完全发挥出来，为企业创造更多的效益。

■ 职业化行为规范

职业化行为规范，即在各种商务场合应该表现出来的专业形象和礼仪，是职业化在行为标准方面的体现。企业的职业化行为规范一般包括如下七大行为规范。

（1）对待工作的行为规范

对待工作的行为规范，即个人对工作的态度，最高的标准就是要勤快、认真。这就要求门店的员工能够有正确的工作观，能够把工作当成自己的事业去完成。在工作的过程中，要将个人目标与企业的目标结合，为顾客提供满意的产品和服务，争取做到比管理者的期待更好的业绩，懂得创新工作方式，提高工作效率。

（2）对待公司的行为规范

对待公司的行为规范，即员工对公司的看法，最高的标准是要敬业。门店的员工要记住，自己是企业的一分子，需要时刻牢记自己的角色和职责，牢记企业的利益高于一切。此外，要将公司当成自己的家，注意门店的环境卫生，养成节俭的意识，并且要严格遵守公司的规章制度，学会与公司共同成长。

（3）对待老板的行为规范

对待老板的行为规范，最高的标准是要做到忠诚。门店的员工要意识到，自己跟老板的关系并非对立的，而是应该和谐共处，为公司创造利益。老板需要懂得理解员工的难处，同样员工也需要学会替老板分忧。

（4）对待下属的行为规范

对待下属的行为规范，即要求老板对员工要尽心尽责。管理者应该有高尚的品质，能够包容、体谅自己的员工，并且要懂得以身作则，成为员工的榜样。此外，还要懂得欣赏和赞美自己的员工，激励员工更加努力工作。

（5）对待自己的行为规范

对待自己的行为规范，即员工在工作中要严格要求自己，并要对自己充满信心，树立良好的工作习惯，按时保质完成老板交代的任务。总而言之，要加强自我管理，督促自己完成工作任务和目标。

(6) 对待同事的行为规范

对待同事的行为规范，即在跟同事的相处中，需要做到热情、友善。在工作中，无论遇到什么问题，要懂得尊重你的同事，学会欣赏你的同事，时刻谨记团队的利益高于一切。

(7) 对待客户的行为规范

对待客户的行为规范，即要求门店员工在接待客户的时候要具备客户意识，重视客户，对客户要本着诚信至上的原则，为客户解决问题，提供客户满意的产品和服务。

以上是最基本的七大职业化行为规范，任何一个企业的高效运转，都需要依赖这些行为规范。所以，职业化行为规范也是门店管理者的重点管理工作。

■ 职业化技能

所谓的职业化技能，是指一次能够把事情做对、做好的能力，包括目标管理、时间管理、有效沟通、科学工作、关系管理、压力管理、会议管理、商务管理等能力。一般情况下，可以把员工应该具备的技能划分为如下三种。

(1) 技术技能

技术能力是跟工作相关的特定能力，如设计师的绘图能力，也包括基础的技能，如阅读、协作能力。而对于门店的员工来说，他们需要具备的是销售技能、商品陈列技能等。要想提高门店的业绩，门店管理者就需要对员工进行专业的技术技能培训，确保员工能够顺利销售商品。

（2）人际关系技能

每个员工都属于一个组织。在工作中，很多时候，个人的绩效取决于与同事与老板的有效相处能力。但是在实际的工作中，很多人会忽视这一技能，他们认为跟其他人关系好不好不重要，只要我有能力，我能顺利完成任务就行。但是实际工作中，给人造成困扰的大部分原因，并非工作中遇到的难题，而是人际关系问题。一旦人际关系处理不当，就会陷入负面的情绪中，进而影响工作效率。因此，在为员工提供职业化培训的时候，门店管理者一定要重视人际关系技能，培养员工与人相处的能力。

（3）解决问题的技能

在工作中，难免会遇到一些问题，特别是一些变化大、非常规的工作。而在工作中遇到问题时，有效解决问题，也是一种必备的职业化技能，因为通过解决问题，能够强化一个人的逻辑推理、确定问题的能力。

无论如何定义职业化，出发点一定是，通过掌握这套系统的方法，来提供执业能力，实现有效的工作。职业化的客体是工作的人，换句话来说就是，人如何做才能在工作中提高绩效。所以职业化并不是一个简单的问题，因为我们不能从某一个点去看待职业化，而是应该全面、系统地对职业化包含的内容，如对职业化意识、职业化行为规范和职业化技能等进行深入的研究，然后根据内部结构层次进行梳理，清晰地将职业化呈现出来。

所以说，职业化并没有一个比较统一的定义，任何的观点都存在片面的看法，要想更深入了解职业化，就需要通过后续不断的研究和实践去优

化。因此，作为门店的管理者，不需要急于去为职业化下定义，我们要做的是从这些"定义"中去感悟，去发现，让职业化变得更加全面、完善，能够成为促使人们在工作中创造高绩效的法宝。

2. 门店管理者的自我审视

对于门店的管理者而言，门店的业绩不好，**管理者首先应该责备的不是员工，而是应该自我审视。**例如，管理者需要思考、审视"门店经营的战略是什么，有没有改变""还需要招人吗""KPI 考核合理吗""我们对员工的激励有效吗""激励无效该采取什么样的措施"这些问题。只有解决了这些问题，门店才能有效运转，获得收益。

有一次，我给一个企业做培训辅导，企业的老板问我："邝老师，我们前后招了三个总监，每一个都是没干多久就走了，这到底是为什么呢？"通过跟他的沟通，我了解到，他的公司有 26 家门店。就公司目前的发展状况而言，其实只需要一个经理就足够了。所以，总监的位置其实是没有存在的必要的。听了我的说法后，那位老板说，招总监是为未来的五年做准备。我跟他说，如果是这样，那就先招一个经理，如果经理做得好，各方面能力都还不错，那就晋升他做总监。该企业的老板听了我的建议后，开始认真反思，审视自己提出来的问题。

其实很多时候，老板在发现问题的时候，不要一味认为是员工存在问题，首先应该自我审视，反问自己是不是哪里做得不对。例如，上述这位企业的老板，发现招聘的三位总监都没干多长时间就走了。那么他就应该思考，是不是职位安排存在问题，否则为什么三位都出现这样的情况。一旦老板能够自我审视，问题自然就容易解决了。一般情况下，门店管理者的自我审视，可以从以下两个方面进行。

■ 门店人员价值观认知

价值观，是人对价值问题的根本看法。它是社会成员所公认的判断事物的标准，对人的行为具有直接的指导作用。**人与人之间行为的不同，其本质在于价值观的不同。** 因此，对于门店管理者而言，自我审视不只是要思考浮于表面的明显问题，还需要思考门店人员的价值观认知。如果门店人员的价值观与企业价值观出现冲突，那么问题自然会频发。所以解决问题，最为关键的是要解决问题的本质。

在企业中，大多数员工都会在满足生存和发展的同时，追求自我价值的实现。一般来说，员工的价值观，是在工作和生活中形成的观念，包括工作的目的和意义，人生的意义，个人和社会的关系，自己和他人的关系，个人和企业的关系以及对社会地位、金钱、个人荣誉、职位的态度和看法。例如，员工是把工作看成谋生的手段还是实现自己价值的事业；员工为企业的付出是尽心尽责还是差不多就行了；员工是否像关心自己的未来一样关心企业的未来。

在实际生活中，企业的员工因为年龄、需求、生活经历、受教育背景、个性特征、能力、兴趣爱好、人生理想、成长环境的不同，面对充满诱惑的市场经济，自然容易形成不同的价值观。一般来说，人们工作的目的，是为了满足自身的需求。美国著名心理学家马斯洛将人的需求分为五个层次：第一层次是最基本的生理需求；第二层次是安全需求；第三层次是社交需求；第四层次是尊重需求；第五层次是最高层次的自我实现需求。自我实现需求，其实就是要发挥个人的最大潜能，实现自身价值，这也是每个员工最大的追求。

通常情况下，基层的需求都比较容易满足，所以人们最迫切想追求的是自我价值的实现。但是每个人的自我实现方式和内容大不相同，因此，企业中员工的个人价值观难免会出现复杂化和多样性。而想要员工能够全心全意为企业服务，那么就要让员工将自己的个人价值观融入企业价值观中。因为对于任何一个企业来说，员工的个人价值观才是企业价值观的基础，而企业的价值观很多时候决定了企业的成败。所以，在门店管理者的自我审视中，需要审视的关键问题是，如何实现员工个人价值观和企业整体价值观的动态平衡。

简单来说，企业的价值观一定是为社会创造更多的价值。那么如何评价员工的个人价值观，使得员工价值观跟企业价值观统一呢？

因为员工的价值观具有复杂性、多样化的特点，所以评价员工价值的标准也有很多种。一般情况下，可以选择比较简单的公式来说明：

员工价值 = 理念（−10 ～ 10）× 能力（0 ～ 10）× 热情（−1 ～ 10）

理念：理念可以简单地理解为员工个人的追求和信念。企业有企业的经营理念，个人有个人的工作理念。公司的经营理念是经过不断的实践提炼出来的，并在发展中得以验证。如果员工要想在企业中快速发展，就需要认同企业的理念、文化。但是理念和文化本身又是一个比较抽象的东西，所以需要员工在实际的工作中不断去实践和探索。对于企业发展而言，只有将理念和实际的工作结合，才能提高工作效率，进而提升业绩，达成战略目标。

能力：一个人能力的高低不是通过肉眼就能简单识别的。员工的工作能力跟其所在的岗位相关联，不同的岗位有不同的能力要求。因此，**能力的量化不是绝对的，而是相对的。**一个人能力的高低，关键在于他是不是在工作中学会反思，懂不懂得努力积累教训和经验。所以，对于员工而

言，要想提高自己的能力，就要学会思考，学会创新自己的工作方式，提高工作效率，创造更高的绩效。在时代迅速发展的当下，创新就是提高个人价值最有效的方式。

热情：热情主要反映的是一个人工作的积极性和对工作的态度，这对工作效率的高低有很大的影响。但是，**工作中我们需要的是理性的热情，而不是盲目的亢奋。**我们需要正确认识和处理好跟上司和同事的关系，而不是为了工作阿谀奉承。我们要知道，公司提供给我们的是一个展现自己潜能、实现自我价值的舞台，如果我们用最大的热情去工作，一旦成功了，将会感染更多的人以同样的态度来对待工作，这才是企业老板想要看到的。

在上面的公式中，员工的理念、能力和热情三个要素值的大小，能够直接体现出员工价值的大小。这个公式能够让很多对自我实现的概念模糊不清的人，瞬间豁然开朗。通过该公式的计算，能让员工明确地知道，自己应该朝哪个方向努力，还欠缺哪些能力。所以说，这个公式不仅能够衡量员工的价值，还能起到激励员工的作用。

任何一个企业如果想发展壮大，就必须顺应时代的发展趋势。所以，讨论员工个人价值观的同时，管理者还需要审视的问题是，员工要如何才能认同企业的价值观进而保持与企业相同的步调。

（1）引导员工实现自我价值

员工追求自我价值，实现自己的理想是时代发展的必然趋势。因此，门店管理者要引导并鼓励员工实现自我价值，保持与企业发展的步调一致。只有员工有追求，企业才能有更好的发展。所以，利用员工价值观的转变，调动员工对工作的积极性，让他们努力做好本职工作，并且为他们提供更好的展示平台，都是企业管理者需要认真做好的事情。

（2）创新管理制度

随着时代的发展，旧的管理机制显然跟不上员工思想和需求的进步。所以，在研究员工价值观转变的过程中，管理者不仅要研究管理理念，还需要创新管理制度和管理机制，坚持当代价值观与科学管理的统一。例如，新时代的员工比较喜欢有竞争的游戏，那么可以将薪酬设定不同的级别，达到一定的业绩，可以获得勋章和奖金。

（3）倡导主流价值观

由于员工的价值观有多样化和复杂性的特点，所以管理者要做的是，大力倡导主流价值观，实现思想多样性和价值观念的统一，引导员工在企业和组织中树立好个人形象。很多时候，企业一线员工的形象，很大程度上代表了企业的价值观和道德水平。而任何一家企业想获得成功，都必须有良好的企业形象。因此，不管员工的价值观有多复杂，管理者一定要倡导主流价值观，提升员工的企业价值观和道德伦理水平。

（4）让员工明确企业价值观

在员工认识到自己的价值观时，管理者应该做的就是，让员工明确认识到企业的价值观。企业的价值观必须通过明确的目标设定、信念的确立和规则的制定，让员工能够明确企业未来的发展方向，并且清楚地知道自己应该为企业做什么，能够从工作中获得什么。员工只有在明确了企业的价值观后，才能将自己的价值观跟企业的价值观建立相关性。

（5）建立沟通和反馈的渠道

在企业的宣传和培养下，大部分的人会认同企业的价值观，但是并不是说这些人就能遵从企业的价值观。而要解决这个问题，就需要管理者听

听员工的心声。很多问题，只有找到其本质原因，才能解决。为此，管理者需要建立沟通和反馈的渠道，如员工对价值观存在不同的意见，可以跟上级反馈，也可以提出自己的想法。管理者可以通过沟通和反馈，力争做到价值观能够得到全体员工的认同。

（6）发挥榜样的作用

在企业中，一定有员工能够认同企业的价值观，那么管理者就需要发挥这些人的榜样作用。例如，让员工协助宣传企业的价值观，去跟员工沟通，反映更多的问题，进而解决问题，统一价值观。

（7）提升价值观

当员工的价值观与企业价值观不一致时，最好的做法不是强行要求员工认同，而是要提升员工对价值观的认识，进而提高员工的价值观。当员工的认识跟企业的认识达成一致了，他们自然会认同企业的价值观。

统一员工和企业的价值观是企业竞争力的源泉。管理者要记住，在经济共享的新时代，实现企业价值观的同时一定要帮助员工实现自我价值，只有员工和企业共赢，才是真正的胜利。

所以，对于门店管理者而言，我们需要认识到店员的价值观，也需要明确向店员传递企业的价值观，并通过以上的方法，让店员能够认同企业的价值观，为员工的全面发展和个人价值的实现创造更多的条件。

■ 门店业绩不好谁来买单

门店业绩不好的问题出在哪？去逛商场的时候，我们问导购员、督导、店长或者老板，店里的生意为什么不好？几乎所有人都会给出一样的答案：没人。其实，我们平时去逛商场会发现，无论是哪个门店，几乎都可以称得上是门可罗雀。而大家把业绩不好的原因全部都归结于人少，也就是说，门店业绩不好是顾客的原因。真的是这样吗？

我们先来看一个表格：

表1-2-1　下属与上司责任占比分析表

序号	内容细节	下属责任占比	上司责任占比
1	有能力做，但是不知道做什么	％	％
2	知道做什么，但是不知道怎么做	％	％
3	有能力做，也知道怎么做，但是不做	％	％

为什么要出这样一道题目？

我们首先要清楚地知道，无论是在社会上还是工作中，我们所担任的是受害者的角色还是责任者的角色。例如，你今天上班迟到了，你认为是自己的原因导致迟到的，还是外界原因导致迟到的呢？如果你认为是自己的原因导致迟到的，如晚上睡太晚，起不来，那么你就是这件事情的责任者。如果是上班的途中，公交车坏了，或者其他外在因素导致的，那么你就是这件事情的受害者。在处理事情的时候，明确谁是责任者，谁是受害者，能够让问题变得更加清晰。

同样，在回答门店业绩不好谁来买单这个问题时，我们也需要首先弄清楚，谁是责任者，谁是受害者。例如，当出现"有能力，但是不知道做什么"的情况时，下属应该占多少责任，门店管理者应该占多少责任。只有明确知道这个问题的答案，我们才能去追究责任，才能知道谁应该为门店业绩不好买单，才能解决最终的业绩问题。所以说，很多时候，追究门

店业绩的责任者和受害者，并不是为了归罪店员，而是为了找寻事情的真相，进而彻底解决问题。

除了要弄清上述问题的本质，我们还需要清楚地知道这些问题的答案所代表的含义是什么。例如，责任比较大，说明其责任心强。但是每个人对这个问题给出的答案都是不一样的。有的下属认为自己的责任大，但是有的下属可能认为，责任全在上司。认为自己责任大的下属，一般责任心比较强。相反，认为上司责任更大的下属，他的责任心就越弱。为何这么说，因为如果下属的责任心强，即使他不知道怎么做，他也会主动去求助同事或者上司，直到问题解决。也就是说，如果第一题由下属来回答，下属觉得自己的责任占100%，那么这名员工对应的责任心就是100%。

如果这道题是由上司来回答，那么应该如何理解答案中的含义呢？例如第三道题"有能力做，也知道怎么做，但是不做"。当下属出现这种情况的时候，一般责任心强的上司都会反思，员工之所以出现这种情况，一定是自己的管理方式有问题。也就是说，在面对下属出现这种情况的时候，上司会认为自己的责任占100%。相反，如果上司认为下属就是想偷懒，认为责任全在下属，自己的责任占0%。那么很显然，这名上司非常缺乏责任心。

所以说，这个问题并没有一个非常固定的答案，问题的目的也不是为了寻求答案，而是为了引起员工和管理者的深刻思考，进而找到解决问题的办法。对于员工来说，很多时候，工作的态度取决于领导的管理制度。很多管理者会遇到这样的情况，你的下属在之前的竞争对手那里表现得很好，但是挖到你的公司后，却表现得并不理想，离职后，去别的公司还是表现很好。这就说明不是员工的问题，而是你管理方式的问题。所以，除了管理机制方面的问题，这道题还告诉我们，**任何事情都不要归于外因，要反思自己。**

有一年，我在哈尔滨，遇到了一件很有趣的事情。何总经营了一个连锁店，召集所有的店长开会。在会上，何总问广州分店的店长为什么生意不好。

广州分店的店长回答说："何总，广东的天气您知道，比较热。人们都怕热，逛街的人比较少，所以生意才不好。"

何总再问云南分店的店长同样的问题。云南分店的店长回答说："云南四季如春，本地人口少，虽然旅游的人多但是很少逛街。"

何总听后说："我们来问问哈尔滨的生意怎么样。小杨，你来说说。"

哈尔滨分店的店长小杨说："何总，您是哈尔滨人。你知道哈尔滨一年四季冷的时候多，特别是三四月份的天气非常冷。所以，逛街的人就更少了。"

何总说："你说的情况是真的啊？"

小杨回答："真的。您有时间可以去门店看看。"

然后，何总就邀请我和他一起，去门店看看情况到底是不是如哈尔滨店长小杨说的那样。第二天，我们就去哈尔滨分店了解了一下情况。

当时，我们是10点钟到门店。通过观察，我们发现，10点到11点半，有两位顾客光临。但是，这两位顾客只是简单地在门店里逛了一圈就离开了。11点半到12点，又有三位顾客光临，最后也是逛了一圈离开了。

中午吃饭的时候，何总问我是不是全国的商场都差不多。我告诉他，全国的商场确实都差不多。何总听我说他的门店和全国的商场情况都差不多，就不准备去门店了。但是，我还是想要实地了解一些具体的情况。于是，在我的坚持下，何总和我又回到了门店里。

到了门店，我问店长："杨店长，我们这家店开了多久了？"

　　杨店长说："邰老师，我们这个店开了三年半，我当店长有两年多。"

　　我说："你的顾客留下姓名和电话的有多少位？"

　　杨店长回答说："登记姓名和电话的顾客大概有 3000 人。"

　　我接着问："如果你的店员打电话给这些顾客，你认为能来多少人？"

　　杨店长说："我现在有 5 名店员，如果都用心打电话的话，我认为能够回来 1000 人。"

　　我说："如果把这 1000 人按一周分流，每天会回来多少顾客？"

　　杨店长说："邰老师，如果这样的话，每天能回来 100 多名顾客。"

　　我就问杨店长："这 100 多人，你认为会产生多少销售额？"

　　杨店长思考了一会儿，跟我说："邰老师，我们是做中高端男装的，客单价一般是 1500 元左右，保守估计一天的营业额也在 10 万元左右。"

　　于是，我就问他："你现在的营业额是多少？"

　　杨店长说："我们现在的营业额平均不到 1 万元。"

　　后来我就问他："你对业绩不好的原因说是没人，那么，你又说能够邀约 1000 人左右。你说的没人到底是一种表象，还是一种假象？"

　　杨店长想了想回答说："邰老师，没人是一种假象。"

　　通过谈话，杨店长告诉我，他们每个月的任务是 60 万元的销售额。我问他："如果你既是店长又是老板，你认为能够做到多少销售额？"

　　杨店长认真地思考了一会儿，告诉我："如果我是老板，我有把握做到 80 万元的销售额。"

　　我又问："你们现在的销售额是多少？"

　　杨店长不好意思地告诉我："50 万元。"

　　我就问他："你没有做到全身心的投入，为什么会找外部因素作借口？"

杨店长告诉我："因为这个门店不是我自己的。"

作为老板，我们想一想，如果我们自己去做，门店的业绩会不会上去？答案肯定是业绩会更好。

从上述案例中，我们可以总结出，业绩不好的原因其实不在人少，而是门店管理者没有把门店当成自己的，也就是说没有自我审视。俗话说，一个人贫穷不可怕，可怕的是你找不到贫穷的真正原因。**同样的道理，一个店生意不好不可怕，可怕的是你找不到合理的理由来解释这个店生意为什么不好。**这是因为，管理者缺乏自我反思的意识。

所以，对于门店管理者而言，要想提升门店业绩，就需要认真回答上面几个问题，懂得自我审视，要学会从自己的身上找原因。也就是说，在**遇到任何事情的时候，你都不要认为自己是受害者，要坚信自己是责任者。你就是一切的根源。**对门店管理者而言，当门店业绩不好的时候，要明确自己的责任，并肩负起自己的责任，然后带领员工一起解决问题，为门店创造更多的效益。

3. 门店管理者提升个人影响力的五要七不要

门店管理者的个人影响力，对门店业绩的好坏有着十分关键的作用。一般情况下，我们会发现刚上任的管理者，尤其是升职上来的，他们会感觉管理工作很吃力。这是因为下属对你的优缺点了如指掌，因此会对你的升职不以为然。在他们看来，你升职是因为你跟领导走得近，拍领导的马屁。出于这种心态，员工很难会服从你的管理。如果是空降兵的话，那就更难做好管理工作。因为，首先，空降兵对公司没有充分的了解，做起事情来会缩手缩脚；其次，出于排外心理，员工对空降兵很大可能会出现排斥心理。所以，对于门店的管理者而言，要想提升个人影响力不是一件简单的事，但是要做好管理工作，提升个人影响力又是一件必须做的事情。而要提升个人影响力，需要做到五要和七不要。

■ 五要

(1) 要做专家，不做外行

作为门店的管理者，要想影响你的员工，让他们感受到你的魅力，进而服从你的管理，你就一定要成为这个行业的专家，用自己的专业能力，征服你的员工。

我之前认识一个店长，她从北京市区店调到机场店。到机场店后，她发现店员对自己非常不服气。她就打电话给我说："邵老师，我调到新店遇到问题了。"我就问她什么问题。她说："我从王府井店调到机场店，但是来了都半个月了，店员却依然对我不服从。他们总是用各种各样的理由刁难我。"我就问她："在王府井店的时候，有没有这么一种顾客，你在店里的时候他就买；

你不在店里的时候，他就不买。"她告诉我大概有30位这样的顾客。我就让她给这30位客户打电话，如实地告诉他们自己现在的状况。然后，我让她邀请这30位客户到她的新店去，理由是业绩很差，老板要开掉她。一通电话下来，最终她的新店来了30位中的20位。当天，她就做了30多万元的业绩。从此以后，那些不服气她的店员对她刮目相看。

作为店长，当你的店员不能服从你的时候，不要去责备店员，而是要自我审视，自己是否有能力让你的员工服从你。如果有能力，就把自己的能力展现出来，以此来影响你的员工。上面的店长就是展现了自己的实力，让自己的员工从此对自己刮目相看，也因此增加了自己的影响力。

曾经有一部很火的战争片《亮剑》，里面有这样一个剧情：为了工作需要，上级给李云龙派去了一位政委，名字叫赵刚。刚开始，李云龙对赵刚极度不认可。但是，后来一次执行任务之后，李云龙改变了对赵刚的看法。那次战斗中，赵刚百米之外击毙敌人的时候，李云龙问自己的警卫员："和尚，每一枪都打中敌人的是谁？"警卫员和尚回答道："那是我们的赵政委。"从此以后，李云龙不仅认可了赵刚，还与赵刚称兄道弟。

所以，从上述两个案例来看，要想征服你的下属，让你的下属服从你，最好的办法无疑是，要做专家，不做外行。

有一次，我到一个公司做培训。公司的老板冯总，把所有的区域经理、督导、店长都叫到一起开会。会议中间，冯总问："各位督导、店长，谁知道自己今天到目前为止的业绩是多少吗？"几乎所有的人都低下头。后来，冯总点名叫了一位店长："顾店长，麻烦你告诉我，你的门店今天到目前为止业绩做到了多少？"顾店长站起来，回答说："冯总，您稍等一下，我出去一下。"顾店长出去之后，立刻打电话让下属查业绩。5分钟后，顾店长回到会议室说：

"冯总，我们店的业绩是……"顾店长还没有说完，冯总就打断了她："好了，你给我打住。我来告诉你吧，你的门店今天做了1680元。现在，我再问你一个问题。你的门店业绩在商场的排名是多少？"顾店长又要出去打电话，被冯总叫住了："好了。我们的门店业绩在商场排第三名，某某品牌以2300元的业绩排名第一。"冯总说完后，下面的所有人都傻眼了。试想一下，这些经理、督导和店长以后会不会实时关注自己的业绩？答案是肯定的。

我经常在自己的培训课上问这么一个问题："各位，你们认为是70后好管，还是80后好管，或者是90后好管？"当我问到70后是不是最好管理的一代人的时候，70后的人全都举起了手；当我问到80后是不是最好管的一代人的时候，80后的人全都举起了手；当问到90后是不是最好管的一代人的时候，90后也举起了手。有一次，我就问一个举手的90后："你为什么认为你是最好管的？"他回答："老师，只要不管我，我就是最好管的。"于是，我总结出一个现象，就是每个年代的人都认为自己最好管理。说到底，就是每个人都很自我。其实，没有任何一个人喜欢被别人管，除非他有自虐倾向，或者他有被虐倾向。

所以，作为门店的管理者，不要试图用你的权力来压制你的员工，这样很可能会起到适得其反的效果。在新时代，就需要用新的管理方式，即做行业的专家，用你的个人魅力，来影响你的员工，征服你的员工。

(2) 要为团队争取利益

有句俗话说：无利不起早。利益问题，是团队中最常见的问题，也是管理者必须处理好的根本问题之一。对于一个优秀的管理者而言，要把下属的问题当成自己的问题，要为团队争取更多的利益。

何谓利益？在企业的管理中，团队的利益并不只是指经济利益，是指能够为员工带来的各种好处。当然经济利益是重点。从表面上看，人人都在追求经济利益，但是其实人们的需求不止于此。人们的需求多种多样，不只是单纯的经济利益。

所以，作为门店的管理者，要想提升个人影响力，就要懂得为团队创造利益，实现个人利益和团队利益的双赢。例如，管理者可以为员工争取更多的机会，让员工的能力能够得以施展。

团队是由不同的员工组成的，只有员工齐心协力，企业才能创造业绩。而要员工齐心协力，共同为团队付出，就要求管理者能够满足团队员工的需求，为他们争取更多的利益。对于企业而言，追求共同的利益才是企业发展的动力。**团队共赢利益就像一条线，能够将一粒一粒的珠子串起来，最后成为一串价值连城的项链。**

（3）要关心和服务员工

随着社会的发展，企业跟企业之间的竞争逐渐演变成人才与人才之间的竞争。所以，对于门店的管理者而言，你关注的核心应该是你的员工，因为员工才是确保门店业绩的关键。在工作中，只有当员工感受到了领导的关爱，他们才会更加努力为企业付出。因此，对于门店管理者而言，要想提升个人影响力，就需要多关心和服务你的员工。

但是在实际的管理工作中，员工似乎把自己跟老板之间的关系看成了敌对关系。这样，一来很难让员工感受到领导的关爱，二来员工也不会尽心尽责为企业效力。而导致这种问题的原因是，双方之间的沟通太少。

在实际的工作中，员工经常会遇到这样的事情，当上司跟你说："某某，你下班后来我办公室一趟。"这个时候，绝大多数的人会认为，老板找自己一定是因为自己工作上的事情没有完成好。而导致这种情况产生的

原因正是，上司跟下属沟通太少，员工能感受到的只有上司的威严，感受不到任何的爱和关心。

然而针对这一问题，有的上司会说，即使关心下属，下属也未必领情。但是，作为上司，不能因为担心下属不领情，而不去关爱你的下属。也许在你第一次关心下属的时候，他会认为你是形式主义。但是时间久了，下属一定会被你的真诚打动，会接受你的关心，并用努力工作来回报你的关心。

所以**要做一个有影响力的上司，单单用威严是行不通的，你需要经常跟自己的下属沟通，关心和服务你的下属。**例如，关心下属的工作和生活，在下属遇到困难的时候，及时伸出援助之手。只有这样，下属才会更加信服你，并且愿意死心塌地跟随你。

但是，沟通的时候，需要管理者注意的是，无论是和员工谈心，还是帮助员工解决工作问题，切记不要利用下班时间。因为，你不知道下属下班后有没有别的安排，或者说员工想不想把休息时间借给你。即使有非常重要的事，一定要在下班时间聊，也要明确告诉下属聊多长时间。例如，"某某，下班我们聊一会儿，占用你 10 分钟时间。"但是记住，即使 10 分钟没有聊完，也要准时结束。

（4）要每天 10 句赞美、表扬

很多时候，员工工作没有动力，并不是因为工作辛苦或者工资低，而是因为上司经常打击自己的信心，久而久之他们就会对工作失去热情。

我们之前做过一个简单的调研，发现了一个比较有趣的问题。有一家公司的工资低于竞争对手的公司，而且差额不小。竞争对手公司的营业员的底薪一般是 3000 多元，他们公司的营业员的底薪才 2600 元。但是，几乎没有员工抱

怨过底薪低。因为，他们公司的工作氛围非常好，员工工作起来很开心。

对于新生代的员工而言，他们已经不会把薪酬放在第一位，他们对工作的需求是开心、快乐。如果工作中，每天都要挨训，那么工资再高，他们也会选择跳槽。所以，作为门店管理者，需要每天赞美、表扬员工，以此激发他们对工作的热情和积极性。

很多管理者认为赞美是一件很难的事情，很容易把赞美员工变成"套近乎"。其实，赞美并不是因为员工为团队创造了很大的效益，管理者可以从细小的事情上发现员工的优点并予以赞美。例如，员工早上到得很早，管理者可以赞美员工"你真的很勤快"，或者发现员工穿了一件新衣服的时候可以说"眼光不错，这件衣服很有特色"。虽然是小小的赞美，但是最终会凝聚成强大的力量，让员工有信心克服困难，顺利完成工作任务。

（5）要有必要的惩罚，能立威，培养对下属的控制感

奖罚不是对立面，而是相互作用的。有奖就需要有罚，这样才能双向激励员工。所以说，管理者要想提升个人的影响力，除了要学会关爱、赞美、表扬自己的员工，还要懂得利用必要的惩罚，树立权威，培养对下属的控制感。

有一次，我操作的一个品牌，商场做活动打6.8折，一名员工在结账的时候却以6.5折结算，足足相差了0.3折。但是，那一天的业绩非常好，大家的业绩都超出了期望值。那么，对于这个员工，到底是处罚还是不处罚呢？关于这个问题，经过我的调查，出现三种不同的声音。第一种声音是不处罚，因为今天的业绩达标了；第二种声音是肯定要处罚，该扣多少就扣多少；第三种声音是愿意和这个员工一起承担。其实，我认为第二种声音比较好。为什么呢？

因为，规矩定下来就要执行。如果你这次不处罚，下次出现类似情况也不能处罚。一旦你这次不处罚，下次处罚，就会让别的员工出现不良情绪，认为你的做法不公平。

在管理工作中，奖惩一定要分明，且一定要用制度来严格执行，否则设立的制度就只是形式主义，无法对员工起到约束作用。

曾经有一个姓胡的学员跟我说："老师，我们最近丢了两袋货，总价超过60万元。对于丢失货物的员工，我们该怎么处罚?"我告诉他，由于数额较大，这种情况就不能处罚了。如果你对这种情况进行处罚，第二天就会发现整家门店的营业员都不会再来上班了。

惩罚应该有标准，有度。对于门店而言，小的损失可以让员工自己承担，因为这样可以让员工反思自己的错误，以便吸取教训，下次能够做得更好。但是如果像上述的60万元这样大金额的损失，一定不能让员工一个人独自承担。如果让员工一个人承担，一来员工本身的经济能力承受不了，二来会给其他员工造成心理阴影，担心会犯同样的错误，让自己承担巨额损失。但是并不是说大金额就不罚，当罚则罚，可以换成其他的方式，如打扫一年的门店卫生。

作为门店的管理者要清楚地知道，惩罚的目的一是为了提醒员工，不要犯不必要的错误；二是可以利用这个制度树立管理者的威严，进而培养对下属的控制感。

■ 七不要

(1) 不要做不分彼此的兄弟

我经常问学员，你跟自己门店的哪些员工关系最好？然后，我就问他有没有发现门店的员工分成两个团体或者三个团体？他们的回答大多数都是肯定的。这些群体大多数情况下会分成两派，跟管理者关系好的和跟管理者关系不好的。他们之间很容易产生冲突，进而会降低工作效率。因此，门店管理者提升个人影响力最好的办法不是刻意跟员工套近乎，而是不要跟员工做不分彼此的兄弟。

很多管理者希望跟员工打成一片，以此来赢得员工的拥护。当然，管理者需要处理好跟员工之间的关系，但是不是刻意套近乎，让团队形成不同的团体。这种情况会给管理者的管理工作造成很大的困扰。所以，管理者在处理上下级之间的关系时，需要摆正自己的位置，树立管理者的权威。管理者要知道，**领导者的魅力不是靠称兄道弟得来的，而是靠实力赢来的。**

（2）不要横加干涉下属的工作

很多管理者认为自己是上司，有权力干预下属的工作。于是，在员工的工作中，任何事情他们都要过问一遍，甚至常常在员工工作的时候指手画脚，让员工按照他们的想法来完成工作。在他们看来，这样才是一个合格的、关心员工的好领导。

但是，每个门店的运营，都有其标准化的流程，同样，员工的工作也是标准化、流程化的，只有确保工作是按照标准来的，门店才能顺利运营。所以，管理者的"监督"根本就是画蛇添足，干扰员工的正常工作。这样不仅不会提高员工的工作效率，反而会导致门店业绩下降，因为领导的干预很容易让员工产生抵触情绪。当然，为了确保门店顺利运营，获得更多的效益，适当的监督还是必要的。因为适当的监督和反馈是保证工作流程化的前提，一旦工作出现问题，管理者可以帮助员工及时解决，让工作能够顺利进行。

（3）方案与决策不要朝令夕改

一个方案或者决策的制订，需要有严谨的科学论证，此外，执行力也需要坚定不移。所以，门店管理的整改方案或者决策出来之后，绝对不能朝令夕改。也许制订的整改方案和决策在执行后，发现有问题或者并不完善，但是也不能随便更改。如果实现目标有很大的问题，那么需要经过科学论证后，再公开实施。

在工作中，如果一个方案和决策改来改去，会让员工对公司的管理者失去信任，甚至会让员工认为制度只不过是形式主义，管理者想怎么改就怎么改，一切看管理者的心情办事。如果员工出现这样的心态，那么制度也失去了其存在的意义，将无法对员工起到约束作用。所以，为了避免不必要的问题产生，在做任何制度整改或决策之前，管理者需要进行完善的调查和研究，并且制订后切忌朝令夕改。

（4）不要承诺不能兑现的诺言

很多管理者说话的时候，经常不考虑后果，会给员工许下各种各样的诺言。他们认为，承诺员工主要是为了鼓励员工。但是，当员工真的按照管理者的要求完成工作的时候，管理者并没有兑现承诺。也就是说，他们只是做到了口头承诺，但是从来不会兑现承诺。这样不但不会激励员工，反而会让员工对管理者失去信心，进而不会全力以赴去工作。

所以，在工作中，为了树立一个好的形象，做一个信守承诺的管理者，一定不要许下自己不能兑现的诺言。同样对于店员也是如此，不要给你的顾客轻易许下不能兑现的诺言。例如，很多时候，店员会遇到这样的情况：顾客问店员能不能赠送自己一些赠品。很多店员会随口答应"好的，我帮助你申请一下"。一般情况下，顾客听到"帮忙申请一下"就会理解为一定能拿到。等下次来拿，发现没有的时候，顾客可能就会不高兴。所以，无论是门店管理者还是店员，任何时候都不要不经过思考，许给别人一些无法兑现的承诺。这样做只会消耗掉自己的信任度，进而失去员工和顾客对自己的信任。

（5）不要奖罚不公

现在，中国大部分的企业都是私营企业。也就是说，很多的企业都是家族式企业，企业的成员或多或少会有一些自己的亲朋好友。因此，就很容易出现制度的执行因人而异，同样的功劳奖励不同、同样的错误处罚不同等现象。很多私营企业的人才流失，除了他们的主观原因，处罚不公的因素占比很大。所以，奖罚公平对于企业的管理至关重要。

奖罚是企业促成企业与员工利益正相关的主要手段。奖罚要起到激励作用，就必须与企业的相关规定和价值观导向一致，也一定要与企业的目标一致。如果只是为了惩罚而惩罚，为了奖励而奖励，既不能有效激励员工，还会使得员工的工作与企业的目标距离越来越远。所以，企业制定奖罚制度一定要以企业的目标、价值观为导向，设定明确的奖惩措施。

（6）不要要求工作极其完美

在实际的门店管理中，很多管理者会按照自己的标准严格要求员工。但是每个人的工作方式不同，导致的结果不同，因此，管理工作最忌讳管理者按照自己的标准，苛求员工将工作做得极其完美。

现实中不乏完美主义者，他们不仅严格要求自己，还严格要求别人。但是我们不难发现，这些完美主义者往往给出的标准都是高不可攀，难以实现的。既然自己都难以做到，又如何要求别人做到？无论什么事情，

过犹不及都会令结果与初衷背道而驰，而且这种情况是相当危险的。因此，这就要求管理者适当降低自己的标准，给员工更多的机会，展现自己的能力。

当然优秀的管理者对工作的要求，一定是在做一件事情时就抱着要将这件事情做到完美的心态。但是如果100分，尽全力做到了80分，我们也应该满足。哪怕是工作中出现了很大的失误，也不要总是抱怨，可以作为下次工作的参考，争取下次做到100分。其实，这种80分的心态，就是一种很完美的心态。**竭尽全力之后获得的80分，远比简单得来的100分更有价值和意义。**

门店管理者管理店员的最终目的是，重在用人，发挥人才的潜能，让他们为门店创造更多的业绩。如果一味苛求下属工作完美，则会严重打击下属的工作积极性，会限制他们自主决策的能力。因此，作为门店管理者，要想让你的员工拿100分，就得先允许他们努力拿到80分。

（7）不要经常为下属背"猴子"

美国著名管理学家比尔·翁肯曾经提出一个有趣的管理学理论——"背上的猴子"。该理论主要是用来比喻责任和事务在管理者和下属之间的转移。举个例子：

某天，一名员工遇到了一个非常棘手的问题，而这时领导正从他身边路过。因为想及时解决问题，于是这名员工就叫住了领导说："领导，我能不能跟你聊一聊，我碰到了一个特别棘手的问题，需要解决。"于是，领导就停住了，听员工讲述问题。但是听员工说完之后，管理者并不能及时给予员工解决问题的方案，于是管理者说："我现在没有时间来解决这个问题，一时也想不出更好的方法，你让我想想，回头我再找你。"

在这个案例中，比尔·翁肯认为的"猴子"就是管理者分配给下属的工作。这只"猴子"原本是在员工的背上，但是谈话时，"猴子"就开始把手搭在管理者的肩膀上。当管理者说需要好好想想时，"猴子"就完全从员工的身上跳到了管理者的身上。于是，下属和管理者之间的角色就会慢慢发生改变，管理者会变成下属，思考如何完成任务，而下属会变成领导，不断追问你"想好了没"。如果你给出的方案并不能令他满意，他甚至会强迫你不断寻找更合适的方案，去做原本他应该做的事情。

在这个过程中，我们会发现，你一旦开始接收下属的一只"猴子"，你会发现事后会有越来越多的"猴子"爬到你背上。于是，你面临的是解决不完的问题和任务，导致自己没有时间照顾自己的"猴子"，管理工作走向失败。

其实这种帮下属"背猴子"的事情，在一些门店管理团队中是常见的现象——高层做中层的事情，中层做基层的事情。这种现象导致高层和中层经常忙得不可开交，但是基层却没有事情做。最终团队管理一片混乱，工作效率低下。因此，为了避免这种问题，门店管理者应该在工作中谨防自己陷入"背猴子"的陷阱。

门店管理者作为门店的带头人，应该明确自己的定位和职责，培养团队，让下属执行任务，而不是帮助下属"背猴子"。 帮助下属"背猴子"，既耽误管理者的时间，还不利于培养员工独立解决问题的能力。如果你能让员工自己去抚养他们自己的"猴子"，他们才能真正发挥自己的潜能，管理自己的工作，而你也有充裕的时间去做更重要的工作，让整个门店和团队能够更好地运营。所以，不要一味帮下属"背猴子"，要让每个人都能各司其职，发挥自己的潜能。

第二章
门店人员管理机制的建设与应用

作为门店的管理者如何管理门店员工？如何让门店人员能够听从指挥？用怎样的方式跟他们沟通？这些问题是门店管理者急需解决的问题，也是最能考验他们管理水平的问题。而要解决这些问题，门店管理者要从门店执行力现状，门店合作分派任务的原则，门店人员管理的三重反思，门店人才的选、用、育、留和门店人员的激励机制等几个方面入手。

1.门店执行力现状

在门店的经营中，管理者经常会遇到这样的情况，门店计划做得好，也能执行下去，并且刚开始执行得不错，但是长期执行下去效果就不理想，直到最后又恢复到之前的原始粗放的管理状态。还有一种情况是，计划制订得非常细，门店也能执行下去，但是长期执行下去发现，门店疲于应付各类执行管理的表格，工作效率不但没有提升，反而下降，最终导致销售目标无法完成，门店业绩直线下降。而归根结底，导致门店执行力差的原因是，零售业市场环境发生了很大的变化，竞争对手已经开始改变经营方式，但是门店还在固守传统的经营模式和人员管理机制。

■ 宏观环境全球化

什么是宏观环境全球化呢？我想通过一个案例来给大家诠释什么叫全球化。

在一次演讲中，一个哥伦比亚的著名教授以戴安娜王妃之死给出了一个最真实的关于全球化的定义。他说，一个英国的王妃带着埃及男友，在法国的一个隧道上撞了车。他们开的是德国的车，安装的是荷兰的发动机，司机是一个比利时人，喝的是苏格兰的威士忌，追赶他们的是意大利的狗仔队，骑着日本的摩托车，为她治疗的是一个美国的医生，用的是巴西的药。

这条信息是由一个加拿大人传出来的，用的是比尔·盖茨的技术。而你阅读这条信息的时候，用的电脑可能是中国台湾的芯片、韩国的显示器，由一个印度卡车司机运送，被一些印尼人接货，由硅谷码头的工人卸货，最后由一个墨西哥非法移民送到你的手中。

这个故事，就是一个典型的全球化。这是大范围的全球化。下面，我们进入一个小范围，看一下什么叫全球化。

就目前市场的发展趋势来看，我们需要思考整个零售业的趋势和出路在哪里，面对国内外的竞争，我们的零售业发生了哪些巨大的转变，到底是谁赚了钱。

我们能想到的第一个是原材料供应商，第二个是经销商，第三个是房地产开发商，第四个是专业的租售市场。当我们认为原材料供应商赚到钱的时候，原材料供应商告诉我们说他们现在挣不到钱了。后面，我们会发现经销商可能赚了钱，经销商告诉我们他们也赚不到钱了。有的人说加盟商是不是赚了钱，加盟商说现在商场的扣点从 25% 增加到了 30%，甚至32%，他们也挣不到钱。有人又说房地产开发商赚到了钱，房地产开发商告诉我们说他们也赚不到钱了。

如果大家都赚不到钱，那么我们的出路在哪里？也就是说，谁动了你的奶酪？带着这样的话题，我们往下继续研究宏观环境全球化这个问题，看看整个零售业现在出现了什么问题。就零售业发展现状和门店执行力现状来看，宏观环境对零售业的影响是什么？

（1）人民币升值，外销转做内销

我们发现这样一个现状，之前没有听说过的品牌，现在正不断地进入内销市场。很多品牌就像凭空出现似的，一夜之间进入了我们的视线。并且，这些品牌如雨后春笋般，短时间内就把分店开遍了大江南北。而出现这一现状的原因，正是因为人民币升值，外销转做内销。

（2）出口退税等国家政策的调整

出口退税政策的调整，使得出口的成本增加，失去了国际市场的竞争优势。因此，很多品牌都因为出口退税政策的调整，失去国际市场，转入内销。

（3）劳动合同法的实施增加了企业的用工成本

今年，你的员工给你谈 3500 元的底薪，明年会跟你谈 4500 元的底薪，后年就可能是 6000 元的底薪或者更高。另外，社保的费用也在逐年增加。

最终，我们发现整个零售业的压力越来越大。于是，就出现了第二个问题：整个零售业的竞争在哪里？

■ 零售业恶性竞争

（1）产品同质化

在市场上，我们会发现，你家有的产品，他们家也有，他们家有的产品，别人家也有。市场上的产品看上去千篇一律，毫无特色，这种同质化的产品，会让门店失去竞争力。例如，我们身上穿的衣服，你说是你们家设计师独家设计的，当我们走进另一家店的时候，那家店的店员也会说，这是他们家今年的新款。这种同质化的现象，会让消费者觉得自己被欺骗了，会大大降低产品成交率；而且这种跟风现象，很容易让企业失去自我，陷入恶性循环中，最终导致市场混乱。

（2）原创设计缺失

什么叫原创设计缺失？我们经常遇到这样的情况，今天叫你的服装设计师去找个灵感创造一个新的产品。但是，这个设计师的"灵感"从何而来呢？他会去零售商场或者批发市场买两个版，把两个版修修补补，变成自己的原创设计。这种原创，在新时代叫作"伪"原创，即搬运别人的东西，整合成自己的。除此之外，不管是手机终端上，还是汽车、电脑、服

装终端上，都会发现，你有的产品人家都有，甚至除了 LOGO 以外，其他的设计几乎一模一样。这在如今的市场上是最常见的，这就是原创设计的缺失。

管理者巡店的时候发现，顾客经常会问到一个问题："你的这个产品和别人家的几乎一样，为什么会比别人家的贵？"即使导购员的回答强调了自己的产品特点，往往也会被顾客一句"别家店也是这么说"顶回来。这种尴尬的局面，就是因为缺失原创设计导致的。

（3）营销手段同质化

回想一下，我们过五一、十一、端午、中秋、新年、情人节等节假日，发给客户的祝福短信和竞争对手的几乎是一模一样。我们不妨设想一下，当你的短信都和别人一模一样的情况下，在这个竞争激烈的市场中，你想拥有一席之地难不难？答案是肯定的。这种同质化的营销手段，对当今追求个性化的人们来说，已经失去吸引力，无法激发他们的购买欲望。

所以说，市场竞争激烈的今天，采用的营销手段同质化，门店的生意肯定无法达到预期的效果。

（4）为争取优秀经销商，采取恶性竞争的手段

我曾在了解一个品牌后，做了它的经销商，并被要求不允许再经销其他同类品牌的产品。现在，很多经销商都会采取这样的做法。现如今很多经销商，不管是 4S 店还是普通的门店，或者是区域代理，只要在这个区域里代理了一个品牌，就不允许代理其他同类品牌。例如，你做了 A 品牌的汽车经销商，开了一家 A 品牌 4S 店，那么，你就不能做 B 或者其他品牌的汽车经销商，也不被允许开其他品牌 4S 店。这就是为了争取优秀的经销商，而采取恶性的竞争手段，在市场上，是最常见的。

（5）为了争取客户，采取价格战、促销战

无论是卖汽车，还是卖电脑、冰箱、衣服，你会发现他们一年四季除了打折还是打折。前几年，这种打折、再打折的方式会给门店带来一定的客流量。但是，从这几年开始，你会发现，即使打折，你的生意也没有往年好做了。为什么打折也没有效果了呢？其实，就是因为消费者越来越理性，追求越来越个性化，价格已经不是他们选择一款产品考虑的首要因素。另外，由于门店常年打折，他们对打折促销已经麻木了。消费者会认为既然商场常年打折，什么时候去都一样。所以，你会发现，现在的节假日促销方式也不好用。

（6）相互挖人才墙脚，抬高人力成本

很多老板都会头痛一件事，一个店的经理去到你的店里，问你的店长一个月的薪水是多少。然后那个经理会出比你高的底薪把你的店长挖走。很多店长也是通过这样的方式招聘导购员，到最后你会发现，你费尽心思挖过来的人也会被别人挖走。

曾经，一位老板和我分享了他挖别人墙脚和被别人挖墙脚的经历。通过观察，他发现竞争对手的店长非常能干，把门店打理得井井有条，而且业绩也非常不错。于是，他就动了挖墙脚的心思。有一天，他把那位店长单独约出来，以高于竞争对手的底薪成功将其挖到了自己的门店。没承想，刚过三个月，这位店长就辞职。辞职的理由是自己和家人一起搬到另外一座城市生活。可是，没过多久，他发现这个店长又回到了竞争对手的门店。原因是竞争对手重新开出的底薪比自己更高。

像上述案例，店长跳槽后又回到原先门店可能是少数。但是，门店之间彼此挖墙脚的案例却屡见不鲜。被挖的人再跳槽一般不会回到原先的门

店，但是一定会接受给予更高待遇的第三家门店。

（7）管理粗放化

顾客从进店到离店，你有没有相应的考核机制，或者说相应的接待方式来要求员工？例如，顾客进店，员工应该说哪一句话？用什么样的方式？如何引导顾客购物？顾客离店时需要做些什么？如果门店连这些规定都没有的话，说明你的管理属于粗放化管理，很难让门店做出好的业绩。

（8）行业内经销商或者加盟商缺乏忠诚度

忠诚度，是一个相对的概念。有人说，我的经销商为什么现在代理别的品牌去了？为什么这个经销商做得很好，刚做了一年，就做别的品牌去了呢？原因就在于行业经销商或加盟商缺乏忠诚度。但是又不能归罪于他们，他们也是受到利益的驱使，哪家品牌利润高，就选择哪家品牌。所以说，忠诚度是相对而言的。

（9）专卖店盈利比较低

我们都知道，好一点的品牌一般订货价在 4 折到 5 折，商场的扣点是 20% 到 30%。也就是说，5 折进货，加上商场扣点，也就是成本价 7 到 8 折左右，再加上人工、水电等费用，最后门店的利润空间就非常少了。所以，专卖店的盈利越来越低，成本越来越高，生意就越来越难做。

（10）盈利模式同质化

你通过什么盈利，我也通过什么盈利。你通过返点盈利，我也通过返点盈利。盈利模式同质化，显然会导致整个终端零售竞争非常恶劣。

■ 竞争对手四大策略

(1) 我们的目标和竞争对手的目标相比是什么情况

很多门店将自己跟竞争对手比较的时候，只关注他们的业绩和营销策略，却没有去比较竞争对手的目标是什么。其实，很多时候，导致两个人差距的不只是方式和方法，还在于刚开始两个人制定的目标就不同。所以，在分析竞争对手时，需要估计，我们的目标和竞争对手的目标相比是什么情况。

所以说，我们想要把生意做好，一定要了解竞争对手的情况。如果不了解竞争对手的情况，你怎么能在市场中站稳脚跟？当竞争对手的目标或战略发生改变，你能否及时应对？这些都是门店执行的时候，需要考虑的问题。竞争对手太强大，会严重影响门店的执行力。

(2) 竞争对手的组织架构发生改变，你的战略站得住脚吗

前段时间，我给某公司做 VIP 深度营销管理等课程培训。我发现，他们今年把战略转向了顾客，重点放在圈客户上面。他们知道，21 世纪的竞争归根结底是顾客的竞争。你的顾客量多大，你的市场就会有多大。事实上，的确是这样，只有满足了顾客的需求才能占领市场。但是，公司忽略的是，你能给顾客提供的服务和产品，竞争对手也能提供。也就是说，我们不仅要关注顾客的需求，也要关注竞争对手的策略。

在实际的销售工作中，当我们发现竞争对手的组织架构发生变化的时候，我们也需要审视自己的组织架构和人员管理机制，是否符合时代发展的趋势，是否能让人员发挥出最大的效用，战略目标是否能站住脚。因为这些问题，都会影响到顾客对产品的购买欲望，进而影响到门店的执行力。

（3）竞争对手对他们自己和行业的设想是怎么样的

要想提高门店执行力，我们不仅要了解竞争对手的目标、组织架构，还要了解竞争对手对他们自己和行业的设想是怎么样的。我们需要从竞争对手的设想中，发现未来商业发展的趋势，进而对自己的销售模式、人员管理机制等实行改革，以跟上时代的步伐。

有一家公司，推出了一款产品。它把终端标价168元的产品免费送给顾客。为什么免费送？它又是靠什么盈利呢？实际情况是，你只要支付38元，公司就将产品寄给你。也就是说，顾客到实体店购买需要168元的产品，现在它邮寄给顾客，顾客只需要付38元钱和快递费。最后，它发出了30万份。那么，它到底靠什么挣钱呢？事先，它和快递公司约定好，快递费是12元，它抽取2元。最终，它每个月的净利润是2元乘以30万份，等于60万元。

如果这家公司是你的竞争对手，它的这种盈利方式，你是否了解是非常重要的。否则你可能会盲目跟风，最后导致损失惨重。

（4）竞争对手人才战略如何

竞争对手的人才战略如何，这是管理者最需要了解的事情。我们都知道，照顾好顾客是门店盈利的根本。那么，由谁来照顾顾客呢？答案显而易见，是我们的营业员、导购员。所以，我在讲"门店精细化管理"的时候，经常和门店老板说这么一句话：**你必须照顾好你的员工，你的员工才能照顾好你的顾客。**

俗话说，顾客就是上帝。但是，如果你不能照顾好自己的员工，谁来照顾你的上帝？也就是说，你照顾好了你的员工，你的员工才会照顾好你的顾客，你的顾客才会照顾你的企业。所以，我们要记住一个定律，谁服务你的顾客，你就要照顾好谁。试想一下，今天，你得罪了员工，员工就会把负面情绪带到工作中。进而，这种负面情绪就会带到顾客身上，必然会影响产品成交率和门店执行力。

有一次，我陪朋友参加一个品牌的订货会。这个品牌的订货会要求所有参会人员都必须正装出席。但是，我们去的时候没有穿正装。所以，我们只能临时到一家服装门店购置一套正装。我记得，我们到目的地的时候已经将近21点。当我们到商场购置正装的时候，已经21点30分了。进了商场，我们发现营业员已经开始打扫卫生，准备下班了。

大家都知道，一般遇到营业员在扫地的情况，很少会有顾客再进店消费。但是，当时的情况是，我们必须得购买一套正装。当我们拿衣服看的时候，营业员和我们说了一句话："先生，不好意思。我们要下班了。"

听到营业员的话，我的朋友就说："快下班了，你们就不接待客人了吗?"营业员没有回答我朋友的话。当我们拿起衣服准备试穿的时候，营业员说："先生，我们现在不试衣了。"我朋友由于必须购买正装，就说："如果你不让我试穿，我就投诉你。"

可是，营业员并没有把我那个朋友的话当回事："你投诉吧。反正，我早就不想做这份工作了。"

后来，我们就把该店店长叫了过来。我那个朋友就告诉店长："我们要试衣服，你的营业员却因为快要下班，拒绝让我们试穿。"

通过和店长的沟通，我们才知道。当天中午，店长因为一些小事骂了这个营业员一顿。这才出现了营业员把负面情绪带到工作中，带给顾客的事情。

所以，想要圈住你的顾客，你一定要知道服务顾客的是你的员工。从该店的营业员处理事情的态度来看，我们更加确定，人才管理机制的重要性。这也证实了前面那句话：你只有照顾好你的员工，你的员工才能照顾

好你的顾客。只有顾客满意了，门店的执行力才能提高，否则会让顾客大量流失，大大影响门店的销售业绩。

2. 门店工作合理分派五项原则

如何给门店员工分配工作，让团队成员能够在合适的岗位上发挥自己的优势，是每个门店管理者关心并想解决的问题。关于这一问题，德国一家化工企业巴斯夫有限公司，提出了一个很好的解决办法——激励五项基本原则。

巴斯夫股份有限公司，是德国一家化工企业，也是世界最大的化工厂之一。巴斯夫近 10 年来的销售额在不断增长。目前巴斯夫生产的产品品种高达 6000 多种，并且每年还有数以万计的新产品流入市场。巴斯夫之所以能取得这么好的业绩，在百年经营中经久不衰，主要得力于巴斯夫贯彻了五项基本激励原则。而这五项基本原则，也可以运用到门店的工作分配中，激励员工发挥出更大的潜能。

■ 要根据员工的能力和工作量分配工作

一个门店，会有很多店员，他们由于教育背景、成长环境、性格等的不同，会形成不同的工作能力和承受能力。例如，有的人性格比较活泼，适合做销售类工作；而有的人比较沉默寡言，那么这类人相对而言，就比较适合行政类的工作。因此，为了能够做到让"合适的人在合适的岗位上做合适的事情"，门店管理者就需要根据店员的能力和能承受的工作量分配工作。简而言之，要做到"人适其岗"。

而为了实现"人适其岗"，就需要门店管理者对每一个员工和工作岗位进行深入的分析。只有这样才能发现员工的优势和劣势，发现岗位的特质，进而让员工在合适的岗位上充分发挥自己的潜能，确保顺利完成工作

任务，实现业绩目标。而要促进人岗匹配，做到人适其岗，具体来说，门店管理者可以采取以下几种方法。

※ 多名门店管理者同时会见一名新员工，全面了解员工的个性、能力、兴趣和潜能；

※ 门店除了需要定期对员工进行工作评价外，还需要对每个岗位有相应的岗位说明和要求规范；

※ 将员工的相关信息数据录入电子数据库，并及时更新数据；

※ 可以通过"委任状"的形式，由门店经理向高级经理或者董事会推荐重要岗位的候选人。

■ 员工的收入必须根据员工的工作表现确定

合理分配工作，不只是分配任务要合理，薪酬分配也需要合理，即员工的收入，要根据员工对公司的贡献论功行赏。

员工对门店的贡献受到诸多因素的影响，如门店的位置、门店的客流量、员工的个人经验、教育水平等。这其中有很多不可控的因素，但是关键因素还是员工个人的工作表现和能力。因此，巴斯夫的五项原则中，要求员工的收入必须根据员工的工作表现确定。简单来说，就是论功行赏。

在工作中，论功行赏可以让员工清楚地知道自己应该做哪些事情，不应该做哪些事情。此外，还能激励员工加强对门店发展有益的行为。因此，根据员工表现来确定员工的收入，不仅是建立高绩效激励的关键内容，还是合理分配工作的重点。

■ 从门店内部选拔有资格担任领导的人才

众所周知，无论是跨国公司还是小型民营企业，他们都倾向于在内部选拔高级管理人才。这样做是因为：首先，内部选拔的人才，对公司文化、发展方向等相关信息比较了解，能够维持企业文化的一致性；其次，更容易让员工对企业更加忠诚，进而激发员工的潜能。因此，门店管理者在分配工作的时候，就需要采取这种方式激发员工潜能，让员工能够顺利完成工作。

但是，在这里需要门店管理者注意的是，不是任何一个门店店员都有资格担任领导。要想让店员成为领导，需要门店管理者通过基本和高级的培训计划，提高员工的工作能力和职业素养。培训计划可以由专门的部门负责规划和组织。一般来说，培训计划包括最基础的知识和技能培训，也需要涉及高级的管理知识培训。此外，还需要根据企业的实际情况和发展方向，制订相应的培训计划，以帮助员工实现成长的目标。

■ 为员工提供适宜的工作环境

适宜的工作环境，能够给人一种舒适的安全感，在这种感觉下，员工的工作效率自然能够得到提升。巴斯夫为了提高员工工作的积极性，对工作环境进行了人性化的改造，在工厂附近设立了专用汽车设施，在公司内开设了多家食堂和饭店，为体力劳动者增设盥洗室，并且会保持工作地点的整洁，最终发现员工的工作效率普遍得到了提升，企业的业绩也在不断增长。

门店管理同样如此。要想员工能够顺利完成分配的工作任务，管理者就需要根据员工的需求，为员工提供舒适的工作环境，让员工无论是身体

还是心理，都能处于最佳的状态下，保持积极的工作态度，为门店创造更高的业绩。

■ 抱合作的态度管理员工

在传统的门店管理中，领导者始终喜欢把自己放在高高在上的位置，发号施令，让员工完成任务。但是，这种方式很多时候并不能让员工积极工作，甚至会让员工反感，进而失去对工作的兴趣和积极性。因此，为了解决这一问题，在分配工作的时候，门店管理者应该抱合作的态度管理员工。

所谓抱合作的态度，就是管理者跟员工之间是合作的关系，管理者在管理员工的同时，也在对自己进行管理。在这种相互合作的坦诚氛围中，员工的主动性和积极性会更强，进而会更加努力工作，创造更好的绩效。

3. 门店人员管理的三重反思

好的机制可以让坏人变成好人，不好的机制可以让好人变成坏人。

所以对于管理者而言，如何利用制度将员工都变成"好人"，是一件非常重要的事情。一般情况下，新来的员工都比较好管理。但是，当新员工转正后，你会发现他们对制度是"上有政策，下有对策"，变得越来越不好管理。那么，究竟是什么原因导致的呢？其实，主要就是老员工没有起到好的带头作用，带坏了新员工。

在工作中，我们不难发现，很多新员工一开始都会很遵守公司的制度，但是发现老员工即便不遵守公司的制度，也不会受到任何的处罚后，他们也开始铤而走险去尝试。而且他们还会发现，老员工即便不认真工作，拿到的工资也是一样的，因此，他们也会开始怠慢工作。所以说，门店管理的问题，归根结底来说，就是人才管理的问题。

我听到过不少人抱怨说，门店业绩提升不上去的原因，是因为缺少人才。我反问："你需要什么样的人才呢？"其实，很多管理者并不清楚什么是正确的人才观。

所谓人才观，就是你挑选应征者和评价员工是否优秀的标准，除此之外，还包括你如何培养零售工作者。

纵观那些国际知名零售企业，你是否能想象出这些"零售帝国"的创造者只是普普通通的员工？不要以为他们是由光芒四射的"明星员工"建立起来的，即便某个企业吸收了大量高学历人才，如果缺少一群勤奋好学、踏实肯干的普通工作者，也难以打造出现在的伟业。"零售巨头"沃尔玛的经验就值得很多人学习。

在沃尔玛，管理层中有60%的人是从小时工做起的，甚至不乏没有接受过大学教育的员工，虽然沃尔玛也非常重视员工的素质水平，但是他们更相信员工的能力。公司经常鼓励员工要积极努力工作，并定期组织他们参加培训，以便提高员工的业务水平。

沃尔玛认为，员工一开始缺少工作经验和相关知识并不可怕，只要他们肯学习并且愿意全力以赴，就足以补拙。因此，管理者在进行人员配置的时候，会将他们放在合适的岗位上，多给予员工鼓励，激发他们的潜在能量，高度关注普通员工。这种人员管理制度，已经成为沃尔玛最具特色的企业文化之一。

从案例中看出，管理者应当多关注企业的普通员工，培养他们吃苦耐劳的精神，在挑选员工的时候，也要着重考虑他们是否愿意踏实勤奋地做事。由此，不得不引发管理者对零售人才观的三重反思。

■ 工作产出有效技能

不同时代的员工的做事风格是不同的。很多人跟我说，同样是9点上班，70后员工会8点半到公司；80后员工8点50分左右到公司；90后员工会气喘吁吁，踩着时间点到公司。这就是不同时代的员工三种做事风格。同样是6点下班，90后员工会在5点45分，屁股就只坐1/3板凳，蓄势待发，准备到点走人；80后员工会在6点一到就开始收拾东西走人；70后员工可能会在6点半或者7点开始走人。这并不是说，他们哪一代人是好员工，哪一代人是坏员工，只是说不同时代的人有不同时代人的做事风格。

在我看来，黑猫白猫，其实只要能抓住老鼠就是好猫。所以，无论是什么员工，只要好好工作都是好员工。管理者要关注的关键点在于，员工在工作中产出的有效技能。所以，对于终端导购员，只要业绩好就可以准点下班，如果业绩达不到就采取一定的惩罚措施。对于后勤人员，要求每个岗位必须做好一日工作计划，上面写明3到5条最重要的事情，而且标明每一条花费的时间。一般情况下，我们会发现，好多员工都会提前完成计划。其实这就说明一个问题，这个工作岗位的工作不饱和，要想让员工产出更多有效的技能，就需要调整工作计划。

我曾经写过这么一篇文章《喜欢加班的员工并不一定是好员工》。很多管理者认为，喜欢加班的员工才是好员工，愿意为公司考虑，对公司有归属感。其实不然，不加班的员工并不一定不好好工作。**如果我们的工作岗位职责明确，有详细的工作计划，那么，员工就能准时完成工作，并不需要加班，就能产出更高的效益。**

一般来说，员工技能有三个阶段。

（1）基本技能

例如，招聘到一个在同行业工作过3年的员工，最基本的工作技能已经掌握了。他到公司以后，你就不用再培训最基本的技能。比如，公司招聘到一个有3年某品牌汽车销售工作经验的员工，现在还让他卖同品牌的汽车，我们还需要再培训他最基本的技能吗？答案很显然是不需要花费太多的时间去培训，只需要简单介绍一些公司的工作流程即可。

（2）公司教导的技能

公司培训员工，要做到每一年教导的技能是不同的。例如，去年教导陈列技能，今年就不需要了。如果还需要，说明去年的培训是失败的，资源白白浪费掉了。所以，每年都需要增加新的教导技能，提升员工的

能力。

（3）有效技能

我会的技能，别人不会，这就叫有效技能。有一个品牌在某商场准备开门店。刚开始的时候，老板和商场谈的给商场的返点是 32 个点。虽然这个老板认为商场要求的返点太高，但是多次交涉依然没有结果。然而，当店长去跟商场交涉的时候，结果却降了 7 个点。

因为，这个店长在此商场其他品牌门店已经工作了 7 年。也就是说，店长跟商场的人员比较熟悉，从商场的楼层经理到总监到老板，他几乎都打过交道。另外，在商场的 7 年工作经历，使他了解商场要求的最低返点是多少。这个就是店长的有效技能。

现在，越来越重视员工的技能。员工技能的发展，有这样三个阶段：员工本身具备的技能、公司辅导的技能和每一年增长的新技能。

在这些技能当中，有一种被命名为有效技能的东西越来越受到重视。什么是有效技能？如果某位员工敢说什么本事他会，别人学不会，这就是有效技能。所以说，工作是否能让员工产生有效技能呢？这是值得管理者深思的问题。

■ 能力薪资四大要素

员工的工资由以下方面组成：职务、绩效、技能。

对于薪酬管理来说，职务只能做最基本的考量，比这个更重要的是绩效考量。这个要素必须出现在员工的薪资结构中。当然，最重要的是技能要素，这是对员工能力最好的考量。

这里不得不说到，"高薪挖人"已经成为很多企业获取优秀人才的方式之一。他们希望员工到岗之后就能马上开始工作，并且在短时间里创造出经济效益。**其实，争抢"人才"，不如培养"人才"，如果管理者能够在员工进入企业初期开始，就对他们进行培养，可能会起到比"高薪挖人"更好的作用。** 从管理成本的角度说，后者比前者更节约成本，所以建议管理者，用"高薪"请人，不如用它来培养现有员工，因为后者对企业管理流程和实际情况更加熟悉。而要用"高薪"培养员工，就需要考虑能力薪资的四大要素。

（1）职务只做基本的考量

所谓的职务就是你在工作中主要负责什么，例如程序员，或者市场销售员。一般情况下，薪酬会跟职务挂钩，不同的职务薪酬不同。但是职务在薪资中，只是最基本的考量。例如，程序员的基本薪酬是每月 5000 元，市场销售的薪酬是每月 3000 元。这是基于职务的最基本薪酬。

（2）绩效必须做好考量

绩效，是指组织、团队或者个人，在一定资源、条件和环境下，完成任务的出色度。管理者可以通过绩效，对实现目标程度以及达成效率进行衡量和反馈。也就是说，绩效能反映出一个人在工作上的努力付出。所以，管理者在制订薪酬的时候，绩效必须做好考量。

（3）技能是一个重要的考量

所谓的工作技能是指，员工在完成工作的时候，所需具备的知识、技能和经验。无论是哪个行业的哪个岗位，在招聘员工时，都有相关的技能要求。

曾经，有一位老板问我，督导应该做什么？我告诉他，如果督导只懂销售就给他 3000 元工资，如果既懂销售又懂陈列就给他 3500 元工资，如果懂销

售、陈列和培训就给他 4000 元工资……懂得越多，工资越高。也就是说，技能越多，工资越高。

所以，管理者在设计薪酬时，也需要对技能进行考量，并且要将技能作为一个重要的考量。

（4）技能薪酬最好不要考虑年资

技能薪酬最好不要按年制。按年制也就是人们常说的工龄工资。按年制的技能薪酬往往会养懒人。例如，A 员工才来 2 年就业绩翻番，B 员工已经来了 5 年却业绩平平，但是最后 B 员工却比 A 员工的技能薪酬更高。如此一来，A 员工就会认为公司的薪酬制度是不公平的，进而会出现消极的情绪，甚至会因为这种不公平的待遇而离开公司。

那么，什么样的薪酬机制是合理的呢？

浮动底薪。也就是说同级别员工的底薪不是固定的，会跟随其对公司贡献的大小而定。例如，业绩 3 万元的员工，底薪是 1200 元；业绩 5 万元的员工，底薪 1500 元；业绩 8 万元的员工，底薪 1800 元……也可以说，同一名员工，每个月的基本工资都是按月浮动的，这个月做了 3 万的业绩就拿 1200 元底薪，下个月业绩做到了 8 万元就可以拿 1800 元底薪。

绩效考核要做加法。很多公司的绩效考核是做减法，先制定一个封顶的绩效工资，然后根据绩效考核的数据，进行相应的减法。例如，实发绩效工资 = 目标绩效工资 × 绩效考核分数，考核分数是 100 分就不加不减，考核分数是 80 分就降低 20%……这样的话，很容易让员工对工作失去积极性。因此，为了提高员工的积极性，绩效公司应该做加法。

此外，还有很多公司发年终奖会按照员工的工龄来发，这样的做法是错误的。按照员工的业绩和对公司的贡献发年终奖才是最公平合理的。还可以根据公司的整体业绩，发其月工资的倍数。例如，公司业绩整体增长50%，年终奖发 2 个月的基本工资；公司业绩整体增长 100%，年终奖发 4 个月的基本工资……

■ 公司、管理者对员工的贡献

没有人天生就是人才，人才是培养出来的。零售行业的管理者，必须具备这方面的意识，这就引出了第三重反思：**是否应当为员工做出更多的贡献？** 答案是肯定的，在指导员工提升能力水平的时候，要着重关注对方的能力"短板"，为员工提供更多的帮助和资源，让员工的优势得以发挥。那么，公司和管理者应该如何对员工做出更多的贡献呢？

（1）营造快乐、轻松的工作氛围

工作氛围的好坏，某种程度上决定了工作效率的高低。任何人都喜欢在快乐、轻松的氛围中工作，这样的环境让他们更愿意积极投入工作中。

如何营造快乐、轻松的氛围？其实快乐是一种主观的心理层面的感受，要想让员工感到快乐，就要满足员工心理层面的需求。一般来说，管理者可以从以下几个方面入手，营造快乐、轻松的工作氛围。

让员工有自豪感和荣誉感。例如，给予员工一份有竞争力的薪酬，或者给员工打造一个优美的、舒适的办公环境。一旦员工感受到自豪感和荣誉感，他们就会更加重视自己的工作，并且更有动力去挑战一切困难。这种自豪感和荣誉感，其实就是一种"精神向心力"。

让员工有成就感。例如，当员工完成一项比较困难的任务时，管理者要公开表扬员工，并给予员工一定的物质奖励。这种奖励，其实就是对员工工作的认可，能够让员工更有成就感，进而更愿意努力完成工作任务。

让员工有归属感。所谓的归属感，其实就是一个人的情感寄托。如果情感没有寄托的地方，那么人就成了"行尸走肉"，无法全身心投入工作中。所以，门店管理要让员工的情感有寄托之地，例如，团队的大小事情要让员工参与进来，平时的工作中，要给予员工更多的关心和帮助。

作为门店管理者，必须清楚地知道，企业的最终目的是营利，需要让利润维持发展，而发展需要团队的员工共同努力。而要让员工愿意留在企业，尽心尽力为团队和企业付出，就需要给他们一个快乐、轻松的工作氛围，让他们能够积极投入工作中，享受工作带来的乐趣。

(2) 建立以"业绩"为导向的绩效考核机制

企业的最终目的是营利，员工的最终目的是获取自己应得的报酬。要达到这两个目的，公司和管理者需要建立以"业绩"为导向的绩效考核机制，选拔出优秀的员工，为他们提供更多的资源和帮助，进而实现个人和企业的双赢。要做到这一点，管理者需要从以下几个方面入手。

首先，建立以"业绩"为导向的绩效考核机制，杜绝内耗。企业需要的是能够解决问题，帮助企业创造绩效的员工，而不是那些以前为企业做过贡献，但是现在跟不上企业的发展，始终停滞不前，无法创造绩效的员工。因此，公司和管理者要想让员工做出贡献，还需要建立以"业绩"为导向的绩效考核，发现优秀员工，为他们提供资源和帮助。

古罗马皇帝哈德良手下有一位经验丰富的老将军，长年跟他出入战场。有一天，这位将军找到哈德良皇帝说："我应该提升到领导岗位，因为我经验丰富，参加过10次重要战争。"

哈德良皇帝很认可这位老将军，这位老将军也的确有着丰富的战场经验，但是这些并不能成为其提升的理由。于是，哈德良皇帝指着拴在四周的驴子说："亲爱的将军，好好看看这些驴子。它们至少参加过 20 次战争，可是它们仍然是驴子。"

哈德良皇帝用驴子的比喻，委婉拒绝了老将军的晋升申请。因为在哈德良皇帝看来，经验固然重要，但是军队更需要的是能力强、遇事善于应变的将军。同样，在企业中也是如此。

职场中，苦劳不是关键，关键在于你的功劳。很多员工在收入比较少的时候会抱怨，自己"没有功劳也有苦劳"，论资历和经验都应该拿到较高的报酬。但是如果企业以经验和资历为导向，建立绩效考核机制，很容易培养像"驴子"一样的员工，造成内耗，进而导致企业走向失败。因此，为了避免内耗，门店管理人员需要做的是，建立以"业绩"为导向的绩效考核机制，将薪酬跟绩效挂钩。

其次，要杜绝吃"大锅饭"的现象。"大锅饭"是指原有国有企业中，各种工种、部门不按照市场经济方式经营，待遇不跟创造的利益挂钩，大家无论干多少活，都是吃国家的"大锅饭"。这种现象会导致，大家能少干就少干，能不干就不干。如果企业中出现这种现象，无疑会导致企业经营走向失败。

因此，门店管理需要做到的是，合理分派工作，并将绩效跟薪酬挂钩，杜绝吃"大锅饭"的现象。

最后，要远离小人。人们常说职场如战场，事实上的确如此。在工作中，我们难免会遇到一些挑拨离间、搬弄是非的小人。这些人影响我们的情绪，干扰我们的工作，进而降低我们的工作效率。这样的人，一定要远离。

导致小人横行，最关键的原因是管理者用人不善。举个简单的例子。

我有一个浙江义乌的朋友，他有自己的企业。他的公司有一名员工，在公司待了很多年，对公司很忠诚，因此很受他的喜欢和信任。殊不知，这种"忠诚"只是表面上的。一方面，这名员工在私底下，经常当着很多人的面说老板的坏话，并会将公司员工的一些缺点灌输给其他人；另一方面，他在老板面前喜欢说同事的坏话，会在这个同事面前诋毁另外一个同事。即便同事都很讨厌他，工作中都想避开他，但是他还是深得管理者的喜欢和照顾，继续"横行霸道"。结果导致很多员工因为忍受不了这名员工而选择主动离开。后来一名员工实在看不下去，就跟老板说了这件事，最终老板才劝退了那个挑拨离间的"小人"，让团队的氛围变得更加和谐，工作效率也得到了很大的提升。

很多管理者认为，每个人的性格不一样，只要他能顺利完成任务就行。但是俗话说"一颗老鼠屎坏了一锅粥"，一个喜欢挑拨离间、搬弄是非的"小人"，也会导致团队管理走向失败。所以，门店管理者就需要提高自己的辨别能力，要善于用人，让优秀的人发挥自己的优势，让"小人"趁早离开自己的团队。这对真正优秀的员工来说，就是最大的贡献之一。

(3) 提高团队人员的向心力和凝聚力

企业的最终目的是营利，而要达到这一目的，就需要员工能够凝聚起来，团结一致为团队目标奋斗。如何提高员工的向心力和凝聚力？无疑是要加强企业的团队文化建设。

2004 年，广东省电影公司实行了转制改企。当时公司的员工都不知道这么做意味着什么，于是纷纷担心自己的未来，根本无法全心全意投入工作中。为了消除员工的顾虑，让他们能够凝聚起来，为继续实现企业目标而奋斗，该公司在全员大会上，宣布了公司的经营理念。这条理念是：**广东电影公司是所有员工的避风港，但不应该是安乐窝**。后来又提出了公司的发展愿景：做中国电影产业的先锋企业，**让员工与企业共同成长。**底下的员工纷纷鼓掌，并承诺愿意积极为公司付出。大会结束后，公司的效益突飞猛进，员工也获得了可观的收入。

之所以能达到这种发展局面，正是因为企业文化的力量。对于门店管理来说，同样如此。管理者不能一味强调业绩，更要塑造团队文化。一旦员工对企业有归属感，他们就会更有动力，更能发挥他们的潜能。所以说，加强企业文化建设，提高员工的向心力和凝聚力是企业实现发展的有效途径。

总而言之，管理者对零售人才观的反思，能够让更多门店管理者看到清晰的发展道路。作为管理者，我们要明确地知道，**人才是门店业绩得以提升的重要基石，做好人才培养工作，有利于品牌的发展。**

4. 门店人才选、用、育、留系统建设

和君集团前董事长王明夫曾经说过一句话：**老板心中要挂三块版图，分别是事业版图、组织版图和人才版图**。如果只能三选一，那就挂人才版图。其实，无论对哪个企业来说，其核心建设都是人才建设。因为人才建设是企业建设的根基，人才是企业发展的执行者，是企业的核心竞争力。因此，为了确保门店能够顺利发展，取得更好的业绩，门店管理要为门店人才建设选、用、育、留系统。

■ 选人系统

人才选拔是指企业为了自身发展的需要，根据人力资源规划和职务分析的要求，寻找那些有能力、对该职务感兴趣的人才，并从中挑选出适合企业的人才予以录用，以确保企业能够正常运行。人才选拔是企业开展其他所有活动的基础和前提，所以说，人才选拔决定了企业未来的发展，关乎企业的"生死存亡"。

美国通用公司的前董事长杰克·韦尔奇曾说过：我们所能做的一切，就是把赌注押在我们所挑选的人身上。对于领导而言，能真正体现他们领导力的，不只是培养员工，更体现在挑选员工这个环节上。因此，门店管理者要想提升门店业绩，首先就要在选拔人才这一环节把好关，确保能够选拔出适合门店发展的人才。

（1）衡量人才的标准是什么

什么是人才？高学历？有超强的专业技能？高素质？……其实这样定论人才比较片面，不利于企业选拔合适的人才。所以，门店管理者选拔人才的前提是，要明确知道衡量人才的标准是什么。

何为衡量人才的标准？

在实际的工作中，如果遇到一个人，能够按照相关原则和规定，把任务顺利完成，并且超出你的预期，你会感到惊讶，认为这个人是不可多得的人才。而关于人才，百度百科给出的定义是：具有良好的内在素质，并具有一定的专业知识或技能，能够进行创造性劳动并对社会做出贡献的人，是能力和素质较高的劳动者。简单来说，就是指在某一领域有才能的人。但是这依旧是一个模糊的概念，如何明确定义人才，帮助门店管理者找到适合企业发展的人才呢？

我国古代推崇一套人才标准：德才兼备。当今，这一标准同样适用。德才兼备，其实就是要求员工不仅要具备一定的专业技能和知识，还需要有崇高的人品和素质。对于选拔人才而言，这两者缺一不可，并且要求德在前，才在后。

在德才兼备的人才选拔基础上，明代刘斌认为担任重要职务的人，不仅需要做到德才兼备，还要有气量。何为气量，即能受善言，能容贤才。在此基础上，古代著名思想家王夫之又加上了意志。王夫之认为成就的大小看才能，才能如何发挥看一个人的气量，而气量的大小是由意志决定的。如果意志不坚定，将很难做成大事。因此，门店管理者在选拔人才的时候，要求人才要具备这四个关键要素。除此之外，门店管理者在选拔人才的时候，需要遵循以下四个基本原则。

第一个原则：重视员工的价值。所谓员工的价值，就是员工对企业能够做出的贡献。门店的最终目的是营利，如果员工能力突出，但是并不能给门店创造效益，那就称不上人才。因此，在选拔人才的时候，门店管理

者要重视人才的价值。例如，管理者可以询问员工，之前做出过哪些贡献和有突破性的事情。

第二个原则：**注重结果**。在很多人看来，过程比结果重要。当然，过程固然重要，但是企业是以营利为目的，要的是最终的结果。因此，对于企业而言，更想选择一个能够给企业回馈满意结果的员工。而要达到这一点，就要求管理者不仅要关注员工的工作过程，更要关注结果。关注员工的工作结果，一来可以衡量员工是否达到相应的工作标准，二来可以判断员工是否能够胜任该项工作。

第三个原则：**敢于担责**。在实际的工作中，我们不难发现，很多人的确能力很强，但是他们的责任心不强。这样会导致他们只关心自己的利益，一旦团队遇到其他困难，他们会推卸责任。最终会导致团队内部不和谐，工作效率低下。所以说，能力固然重要，但是比能力更重要的是责任。对于一个企业来说，需要的是一个敢于直面问题、担起责任的勇者，而不是一个能力强，但是畏首畏尾的人。有句话说得好：一流的员工找方法，末流的员工永远在找借口。

第四个原则：**不断提升自己**。知识无涯。一个人的能力再强，知识再渊博，也需要不断保持学习，才能跟得上时代和企业的发展。所以，一个真正的人才，应该是有远见，不止于当下，会不断提升自己，不断突破自己的人。

(2) 选人的误区

企业为何难以选到合适的人才？很多管理者面对这一问题，给出的答案是：现在 90 后、95 后的人都不好选，他们想法太多，难以判断他们是否适合企业的需求。但是真正的原因真的如此吗？

企业选不到合适的人才，不能怪时代，更不能怪某一个群体。任何时代的任何人都一定有自身的潜质，能够在某一领域闪耀自己的光芒。而管理者要做的是，当一个伯乐，能够识别企业里的千里马。但是，要做到这一点，就要求门店管理者在选拔人才的时候，避免走入以下几个误区。

第一个误区：寻找"超人"。很多管理者在选拔人才的时候，秉持的观念是：一定要选一个最优秀的，最好能达到"此人只应天上有，人间能得几回见"这种优秀程度。如果对人才要求过于苛刻，很容易适得其反，导致人才流失。例如，很多人的才能都是在工作中被激发出来的。

第二个误区："俄罗斯套娃"现象。管理者选人，很少会希望选择一个比自己优秀，比自己强的。在他们看来，如果员工的能力超过自己，自己将很难驾驭他们，并且面子上也过不去。这就是现在很多企业人才结构上出现的"俄罗斯套娃"现象，即企业的下属能力始终比上一级低。

我国古代著名的思想家曾子曾经说过：用师者王，用友者霸，用徒者亡。其中的"用师者王"，就指将人才当作师父来看待，就能像王者一样。所以，管理者选拔人才的时候，应该避免出现"俄罗斯套娃"的现象，要善于接纳比自己优秀的人才，并要真诚赞美和认可他们的能力。

第三个误区："道听途说"。一般来说，选拔人才是人力资源部门的事情。因此，很多时候管理者对人才的了解，都是来自人力资源部门的"传说"，他们自己并未亲自做考察。但是，在实际的管理工作中，在对员工不是十分了解的情况下，选拔出来的人才很难适合团队的发展。简单来说，如果管理者不能亲自考察新进人员，这些新进的员工将很难做到"人适其岗"，最终还是会导致人才流失。

第四个误区：个人喜好。每个人都有自己的想法。在招聘会上，也经

常会遇到两个面试者对同一个应聘者存在截然不同的看法。例如，一个认为很优秀，自己很喜欢这种性格的员工，一定要留下，而另一个认为不符合自己喜欢的风格，要淘汰。他们之所以会有这样的冲突，可能并非因为这个员工优秀或者不优秀，而是因为他们在选拔人才的时候，依据的是自己的主观看法。

选拔人才，关乎企业的生死存亡，是一件非常严肃的事情。所以，在选拔人才的时候，门店管理者需要考虑时代的变化、企业当下和未来的发展方向，经过客观思考，选择合适的人才，而不是凭借个人喜好，做出影响企业发展的决定。

（3）选人的四点原则

门店管理者要想选择适合门店发展的人才，就需要避免走入以上的几个"误区"。具体来说，门店管理者选拔人才，需要注意以下四点原则。

第一点：要亲自考察人才。《史记·五帝本纪》里记载了这样一件事。尧是帝喾的儿子，是一名比较贤明的部落领袖。他准备选出一位继任者，于是召集几位大臣商量。每个部落首领都推荐舜。他们的想法是，舜的父亲很顽强，母亲很有肚量，舜很孝顺，善良，这样的人怎么样都不会奸恶。虽然几位大臣说的都是事实，但是尧并没有直接采纳他们的意见，并表示自己要亲自考察舜，以确认其是否能继位。

尧采取的做法分别是：将自己的两个女儿嫁给舜做妻子，通过舜对妻子的态度考察舜的品德；派遣九位男子跟舜朝夕相处，目的是观察舜对他人的态度；让舜管理天文历法官员，舜管理有方；让舜管理有才德的文武百官，百官因此各司其职，工作有条不紊；让舜铲除劣迹斑斑的人，舜做到了；让舜进入山林，经受暴风雨，但是舜并未因此迷路。经过自己的一番考察后，尧最终决定让舜继位。

尧之所以这么做，就是想亲自考验舜。当自己亲眼看到舜的能力后，也更加确认部落首领的说法，更相信舜是不可多得的人才。对于门店管理者来说，更是如此。我们不能通过"听说"的方式去了解一名员工，门店管理者要亲自考察人才，明确了解人才的性格、能力和爱好，以便选择更适合门店发展的人才，并将人才安排到合适的岗位上。

第二点：**全方位考察人才**。北宋诗人苏轼在《题西林壁》中写道：横看成岭侧成峰，远近高低各不同。这句话的意思是，从不同的角度看到的山是不一样的。同样，从不同的角度去看一个人也是不一样的。对于门店管理者而言，要想深入了解人才，就需要全方位考察人才。

例如，在实际的选拔工作中，我们需要考验他们的能力和相关的知识水平，更要考察他们做事的态度、为人处世之道。唯有全方位考察，才能选拔出合格的人才。

第三点：**选拔标准不能太苛刻**。苛刻选拔出来的人才未必是完美的，反而会让管理者流失一些合适的人才。所以，这就要求门店管理者在选拔人才的时候，不要设定过于严苛的标准。例如，面试的时候，员工的各方面要求都达到了标准，但是只有学历没有达到。那么这时候，管理者可以适当放宽标准，给员工一个机会，证明能力大于学历，也证明管理者慧眼识人的能力。

在选拔人才的过程中，门店管理者要知道，没有一个人能成为"超人"，解决企业所有的问题。企业需要的是，不同优势、不同能力的人组织到一起，凝聚起来，形成一个"超人团队"。所以，不必要求你的员工是"超人"，只需要他们具备"超人"身上的某个特质就行。

第四点：**可以避免"俄罗斯套娃"现象**。心理学表明，人生来就有一种自我保护欲。所以，管理者在选拔人才的时候，管理者为了保住自己的地位，很容易出现"俄罗斯套娃"的现象。要避免这种现象，就需要管理者改变自己的观念。例如，在选拔人才的时候，要抛开个人主义，坚持以企业和团队的利益为导向，选择真正适合企业发展的人才。门店管理者要明确知道，只有选择了更强的人，企业才能进步，你才能走向更高的位置。

（4）面试五问

在招聘选人环节，最简单的了解人才的方式就是面试时候提问员工。但是，很多管理者因为没有掌握面试的提问技巧，最后导致自己提出的问题没有问到点上，员工的回答也不尽如人意。因此，为了能够在面试中选出适合企业发展的人才，门店管理者在面试的时候就需要掌握提问技巧。一般来说，面试的时候需要掌握五问。

一问：行为类型。提问行为类型，主要是为了判断员工适合企业的哪个岗位。例如，面试的时候，门店管理者可以询问应聘者"以前从事的是什么行业的工作""为什么离开之前的行业""自己的兴趣爱好是什么，擅长什么类型的工作"。

二问：关键事件。询问员工关键事件，是为了判断员工的执行力、学习力和思维能力。例如管理者可以询问员工"以前的学习中或者工作中，有没有遇到什么困难或者自己印象深刻的事情，是怎么处理这件事情的"。

三问：工作能力。能力的高低决定了员工的工作效率的高低，因此，能力是管理者最关注的问题。在面试员工的时候，管理者可以询问员工"是否有岗位相关的知识和技能""是否有相关经验""以前在这方面是否有了解或者深入研究"。

四问：职业素养。人才的标准是德才兼备，且德在才之前。因此，选拔人才的时候，门店管理者不仅要通过提问了解应聘者的能力，更要通过提问了解他们的职业素养。例如管理者可以提问员工"如果团队有急事要处理，需要加班你会怎么做"。

五问：个人发展。新时代的员工对工作的需求不仅仅是薪酬，他们更需要的是企业提供平台，以便他们能够实现个人发展的需求。因此，在面试的时候，门店管理者需要提问员工"对未来发展有什么想法""希望在工作上实现什么样的成长"。只有明确了员工个人发展需求，才能确定是否能为其提供合适的资源配置。

（5）如何看人不走眼

在实际的管理工作中，我们常听到管理者抱怨："哎，当初真是看走眼了。"很多管理者，在工作中发现，当初面试的时候，无论态度还是能力，都觉得该员工很适合这个岗位，但是实际上的效果并不如意，甚至相差甚远。于是，如何看人不走眼成了管理者十分关注也急需解决的问题。

要做到看人不走眼，就要求门店管理者在选拔人才的时候，做好充足的准备工作。一般来说，门店管理者需要做好以下工作。

※ 了解招聘需要；

※ 向 HR 传递招聘需要；

※ 挑选合适的候选人，并向他们传达信息；

※ 确定所需的能力；

※ 对应聘者进行评估；

※ 确认是否录用。

选择一个适合门店发展的人才，并非几个简单的提问就可以。门店管理者需要从招聘最开始的筛选候选人环节开始，做好选拔人才的工作。在整个过程中，门店管理者需要收集应聘者的信息，并对应聘者的行为信息进行记录，最后对这些信息进行分析，做出客观、准确的评估，进而选择出适合企业发展的人才，避免因为仓促选拔，导致管理者"看人走眼"。

■ 用人系统

选拔人才是企业得以顺利运营的基础和前提，因为用人是企业顺利运营的关键。一个企业想要发展，单靠管理者是行不通的，真正执行任务的是员工。如何激发员工的潜能，让他们努力为企业付出，创造更多的效益，这个问题的关键在于管理者是否懂得用人。

一流的老板，一定是会"偷懒"、懂得通过下属去完成任务的人，并且会受到员工的尊敬。而二流的老板，大大小小的事情都会自己亲力亲为，不重用下属，最后自己干了一堆事，下属落得没事干，企业的业绩也无法提升。所以说，要想企业不断发展壮大，管理者就要懂得如何用人。

（1）须以品德为先

古代人对人才的要求是德才兼备，而且要以德为先。北宋著名政治家司马光曾总结说：自古以来，国之乱臣，家之败子，才有余而德不足。所以，用人需要先讲德再讲才，德乃才的基础。

何为德？其实就是为人处世之道，个人的品德。从企业用人的角度来讲，德指的就是职业道德素养。例如"爱岗敬业""遵纪守法""坚守准则"等。如果一个人的品行不端正，他的能力再强大也是无用的。例如，团队里一名很有能力的员工，经常上班迟到，老板提醒几次后屡教不改。

这种不能遵守公司规章制度的人，不仅会影响自己的工作效率，还会给团队带来负面影响，进而影响整个企业的业绩。对于这种人，能力再强也不能重用。

(2) 合适的人放在合适的位子上

金子如果放在沙漠里，也只是一堆无用的东西。无论什么东西，必须找到自己的位置，才能释放自己的价值。对于门店的员工来说更是如此。很多管理者会将选拔出来的优秀人才，放在企业的空缺岗位上。一段时间后，管理者会发现这个人的能力并没有自己预期的那么好，于是，会有想辞掉员工的打算。但是真的只是员工的能力问题吗？很显然，很多时候，员工并不是没有能力，而是没有一个合适的平台施展自己的能力。因此，门店管理者需要把合适的人才放到合适的岗位上。这样不仅能给人才更多的机会，发挥出自己的潜能，也增强了企业的竞争力。

(3) 用人要疑，疑人要用

很多门店管理者秉承的管理理念是：用人不疑，疑人不用。法国启蒙思想家孟德斯鸠曾经说过：权力会滋生腐败，绝对权力产生绝对腐败。对于管理者而言，如果事情过于绝对化，其实就相当于腐败。所以说，对于管理者而言，真正的有效的管理理念应该是用人要疑，疑人也要用。

但是，门店管理者需要注意的是，这里的"疑"，并非指任何事情都不信任员工，而是指信任需要建立在一定的约束和监督机制上。管理者相信员工能做好，这种信任能够给员工鼓励，激发他们更多的工作热情。但是团队中，不乏这样的员工，你越信任他们，他们越会仰仗着你的信任，为所欲为。而这种信任，给员工带来的不是激励，而是危害。所以，作为门店管理者，一定要"疑人"。必须要求门店的店员在制度范围内行事，

不能为所欲为。

而"疑人也要用",就是在不确定员工的能力、品德的情况下,也要本着爱惜人才、保护人才的目的,大胆选拔和聘用他们。这样才不会导致人才浪费。

(4) 不要求全责备,更不要论资级

很多管理者在选拔人才的时候,喜欢按照自己的标准,苛求员工要做到完美。但是"金无足赤,人无完人",苛刻的要求只会让企业流失合适的人才。因此,这就要求管理者要有宽容心和接纳心,不要求全责备,要能够接纳员工的不足之处。

除此之外,管理者在选拔人才的时候,也不要论资级。很多管理者在选拔人才的时候,会受到传统思维的影响。他们常在选拔人才的时候抱怨"这些年轻人不如老一辈能吃苦,能做事"。这种论资排辈的理念,是选拔人才的时候常见的。但是这种看法是片面的,很容易导致企业错失人才。因此,门店管理者在选拔人才的时候,需要摆正自己的思想,根据员工的能力,客观选拔合适的人才。

(5) 西游记团队现场管理系统

在实际的门店管理中,我们不难发现,任何门店都有以下三类员工:

A 类员工:业绩很好,但是不听话。

B 类员工:业绩随心情而定,心情好业绩就好,心情不好业绩就不好。

C 类员工:很听话,但是业绩始终不突出。

从以上这三类员工的特点,我们不难联想到《西游记》里面唐僧的三个徒弟。A 类徒弟就类似于孙悟空。孙悟空是三个人中能力最强的,但是他也是最不听话的一个。B 类员工类似于猪八戒,他有能力,但是能力根

据他的心情而定。C类员工类似于沙和尚，他能力不强，但是很听师父的话，一直勤勤恳恳干活，从不添乱。而他们三人之所以能够一直陪唐僧前往西天取经，直到修成正果，正是因为唐僧善于用人。同样，门店管理者要想做好店员的管理，就要掌握西游记团队的管理方式。

一般情况来说，A、B、C这三种常见的员工并非一开始进公司的时候就是这样。通常来说，一个员工在公司会经历四个阶段。

第一阶段：有态度，没能力。作为刚入职的新人，他们多数都会具备一个良好的态度，但是这个时期没有很强的工作能力。这个阶段的员工处于成长期，他们能力不足，但是一定很听话。

第二阶段：有态度，也有能力。当员工进入公司一段时间后，他们的能力就会成长。在这个阶段，他们无论是态度还是能力，都是具备的。而当他们两者都具备后，他们便会向公司提出更高的要求，来满足他们的需求，如升职或者加薪。因此，在这一阶段，管理者要采取绩效管理措施，否则就会流失人才。

第三阶段：有能力，没有态度。当员工的能力不断增长后，很可能会出现职业倦怠，或者认为自己能力强了，是团队的老员工和骨干了，就"为所欲为"。

第四阶段：没能力，没态度。这部分员工属于在团队"浑水摸鱼"的人，他们只是单纯想拿一份工资生存。他们对工作的态度是差不多就行，他们不会有强烈的欲望去学习，去提升自己的能力。

对于门店管理者而言，要想管理好员工，提升门店业绩，就要根据员工的分类和员工所处的阶段，对员工进行个性化的管理。例如，猪八戒是唐僧团队里面背景最好的，也是最懒的一个。要激发这种员工的工作

动力和积极性，就需要尽可能设定一些有趣的游戏。例如，谁能够完成业绩，奖励带薪假期。那么类似于猪八戒这类的员工，一定是最早完成业绩的。

以前我在当店长的时候，就让一名类似于猪八戒的员工去其他门店调货。本来距离只有40分钟的路程，结果一小时过去了，他还没有回来。于是，我只能亲自去看看情况。在去的路上，我发现这名员工躲在一家游戏厅玩游戏。发现这种情况后，我就到游戏厅转了一圈。那位员工刚好看到了我，而我一句话没说直接离开了。当我调货结束回到门店后，发现他已经到了门店。

但是我没有就游戏厅的事情找他谈话，甚至第二天、第三天我都没有跟他提起这件事。到了第四天上午，他耐不住跑来问我："店长，前天我去调货，您看到我了吗？"我说没有。他其实很明确我在游戏厅看到了他，于是犹豫了一下继续问我："店长，如果有什么事情就直接说吧。这件事情已经在我心里三天了，我不知道要如何开口。"这个时候，我就说了我的看法，并按照公司的制度对他进行了处罚。

这里需要管理者注意的是，当第三天员工没有找你的时候，你就需要找员工谈。因为一般不主动找员工，是想给员工一个认真思考的时间，让员工意识到问题的严重性。如果员工想通了，自然会找管理者交谈。如果员工没有主动找管理者交谈，说明他并没有认识到自己的错误，那么这时候管理者就需要主动找员工，并按照公司的规章制度处罚员工。

对于猪八戒这类员工，给他更多的乐趣比较重要；沙和尚，让他做服务工作和后勤工作最合适；而孙悟空，最好的方式就是加薪或升职。总而言之，对于不同的员工和不同阶段的员工，都要采取不同的方式。

■育人系统

普通领导和优秀领导之间的差别就在于是否能够育人。育人，不是管理者将自己的知识传递给员工，而是要帮助员工培养更多的能力，以适应社会的发展和企业的发展，帮助员工成长的同时，帮助企业成长。

美国通用电气公司前董事长杰克·韦尔奇曾说过："我们是人才工厂。之所以能够在全球的很多市场获得成功，我们真正的核心竞争力，并不是在制造业或者服务业，而是制造人才的能力。"杰克·韦尔奇每隔一周会去一次克罗顿维尔培训中心，和正在接受培训的员工进行深入交流。每年通用电气公司都有上千人参加培训。在杰克·韦尔奇的行程中，每年都会安排几百次的视频会议、研讨会议或者工厂走访。对于他来说，每一个会议，都是教导和学习的场所。

杰克·韦尔奇之所以能成为著名的管理者，正是因为他懂得如何育人。人才是企业的核心竞争力，只有懂得育人，企业才能发展壮大。因此，对于门店管理者而言，这是一个必须重视的事情。

（1）育人六项基本原则

种树，需要浇水，施肥，只要掌握了树木生长的原则，就能够种出参天大树。育人，同样如此，也是有规律可遵循的。一般来说，企业育人需要掌握以下六个基本准则。

准则一：思想决定行为。人与人之间最大的不同，不是智商的高低，不是受教育程度的高低，而是思想的不同。不同的思想决定不同的行为。因此，培训下属的时候，要注重培养思想，要让下属注重态度、责任心，明确企业的价值观、使命，以及个人价值观。

准则二：成为员工的榜样。以身作则，为员工树立榜样，是一个优

秀管理者必备的能力。因为管理者是团队的"领头羊"，其一言一行都影响着员工。如果领导没有起到一个好榜样的作用，就难以要求员工做出优秀的成绩。

准则三：**正视错误，并及时改正错误。**大多数管理者不愿意承认自己的错误，怕影响自己在员工心目中高大的形象。其实，一个真正有魅力的管理者，并不是不犯错的人，而是敢于承认自己的错误，并及时纠正错误的人。这样做，也是为员工树立好的榜样，鼓励员工要正视自己的错误。

准则四：**循序渐进。**培育人才，是一个缓慢的过程，并非一个培训，就能"一蹴而就"，因此，在培训人才的过程中，管理者要耐心、细心，帮助员工解决问题，使其一步一步成长起来。

准则五：**因材施教。**团队有很多员工，这些员工的家庭背景、受教育程度、性格、爱好等都不同。针对这些不同，管理者也需要不同的管理方式。只有用因材施教的方式培育下属，才能激发下属的优势和潜能。

准则六：**鼓励下属。**员工会因为工作中遇到难题或者其他原因，对工作失去信心。这时候，管理者就要多鼓励员工。

（2）辅导资源有效整合

不少学员向我反映："老师，为什么我总是在员工辅导方面消耗掉相当大的成本呢？"虽说进行员工辅导是一项投资行为，但是如果你可以有效利用身边资源，就能降低其成本，并且使得辅导工作更全面、有效。

每当提到对员工的辅导，很多管理者都会想到"高薪聘请培训师""送员工去培训学校学习"等，这还只是其中的一部分，并且是非常昂贵的方法。这些方法虽然能够提高员工的能力，但是如果成本太高，对公司来说也是一件得不偿失的事情。其实，你的身边就有很多可以利用的资源，例如，相关书籍、优秀员工的经验、你的从业经验、网络教材等。也就是说，管理者可以有效整合资源，利用已有的资源培训员工，使资源效用最大化。

作为管理者应该明确知道，辅导工作应当建立在管理者充分了解员工的基础上，同时注意编制的讲义一定要符合员工的理解能力。如果超出或是低于员工理解力，都难以起到很好的效果。

不妨看看这位负责人是如何有效利用资源的。

王先生是某品牌家具店负责人。为了提升员工的能力，辅导员工工作，他在网上收集员工辅导材料，准备组织一轮员工培训活动。

他翻阅了很多网页，并结合自己在书店买到的管理工具书，将这些资料整理好，制作了几份讲义，还完成了一个PPT。

培训工作开始前，他先让员工预习讲义，如果有不明白的地方，还可以画出来，届时向他提问。整个培训过程历时8小时，员工不仅听得很认真，而且提出了很多想法，让王先生备感欣慰。

由于时间关系，王先生只好将员工的某些想法先记录下来，待日后进行讨论。

王先生说："目前，与员工辅导有关的资料越来越多，不一定非要请导师过来讲解，可以自己先学习，将知识梳理一遍，再传递给员工。"

从案例中看出，管理者如果利用好身边资源，不仅能起到降低管理成本的作用，还会增加员工参加辅导的积极性。让导师过来讲解虽然更有说服力，但也会让员工产生距离感。与其让他们置身于高压的环境中，不如通过整合身边的资源，让辅导工作变得简单轻松，甚至可以做到"随时随地辅导员工"。那么要如何做到这一点呢？

建立信息共享平台。众所周知，信息的价值越来越受到人们的重视，很多人甚至花重金去获得信息。如果管理者能建立起信息共享的平台，对员工辅导工作会起到积极作用。例如，引导员工进行经验交流。因为每个人对工作的看法不同，容易形成不一样的方法，如果员工都愿意把自己的方法拿出来与他人分享，就有利于提高门店的整体业务水平。

建立信息共享的方式有很多，例如 QQ 群、论坛、销售例会等，你甚至可以开辟专门的"经验交流会议"。

多利用低成本辅导方式。我建议学员多注意身边低成本的辅导方式，例如，网络资源、图书资源等。

很多学员有这样的想法：既然要进行员工辅导，当然要请来"专业人士"。确实，"专业人士"带来的信息和方法都非常权威。但缺点是，"专业人士"的辅导费用比较高，会造成门店管理成本的增加，而且"专业人士"不可能每天待在门店指导员工的行为，无法做到"随时随地辅导员工"。

在管理工作中，如果管理者懂得将身边的辅导资源整合起来，不仅能够减少门店在这方面的开支，还能让辅导工作渗透至员工的日常销售行为中，有助于他们积累工作经验。

让通才管理者辅导专才人员。如何能做到这一点？我向学员推荐了一种方法：让管理者先去参加辅导班，再由他把相关经验传授给员工。

这也是降低辅导成本的好办法，由于管理者已经有相关从业经验了，他们具备更强的理解能力，可以在短时间获得相关知识，再进行整理，用员工乐于接受的方式，把经验传授给他们。

其实，辅导员工的方式有很多种，获得辅导资料的途径更多，当管理者能够有效整合身边资源的时候，辅导工作才更具有实际意义。

（3）门店人员成长路径规划

随着时代的发展，员工的追求已经不局限于眼前的薪酬，他们更希望通过自己的努力，实现自我价值，即他们希望通过努力工作，不断成长，获得自己想要的未来。所以，为了满足员工的需求，并以此来激发员工的积极性，管理者需要对门店人员的成长路径进行规划。

例如，普通员工可以从实习到导购，到资深导购，再到副店长、店长、主管、经理。在这个成长路径的规划中，管理者必须明确，每一级别需要学什么样的内容，掌握哪些知识和技能。只有这样，员工才能看见自己未来的方向，并知道自己应该如何努力。

表2-4-1 门店员工学习路径表

时　间	课　程			
第一个月	公司品牌文化	角色认知	门店日常运营管理	经理人的角色与定位
	基础产品知识 / 公司系统	目标管理	时间管理	市场营销的观念
第二个月	行政办公管理	市场调研技巧	团队领导艺术	营销战略与规划
第三个月	货品管理	商业谈判技巧	决战商场	项目管理
第四个月	促销管理	渠道拓展维护	跨部门沟通	高效能人士七大习惯
第五个月	时间管理	门店专修 / 验收	解决问题的技巧	市场价格机制
第六个月		客情关系处理	人力资源预测与规划	
第七个月			如何提升领导力	
课时	26 小时	42 小时	54 小时	36 小时

在实际的工作中，管理者不难发现，很多精英员工，干完几年后，就自己去开店了。这就是因为企业没有给员工的未来做好规划，员工只有自谋出路。所以，在育人的这个环节，一定要做好员工的成长规划，让员工能够看到未来，并为之努力奋斗。

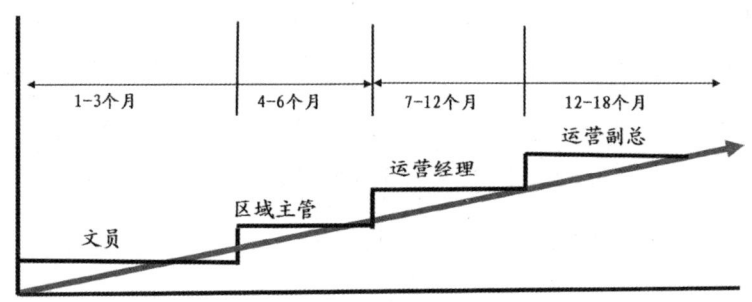

图2-4-1 门店员工成长阶梯

■ 留人系统

导致员工离职的原因有很多，如薪酬不公平、员工相处不愉快、对领导管理方式不认可等。如果是员工自身问题，他们希望有更多的选择，那么管理者可以放手，让员工去追寻自己的梦想。但是如果是企业内部的原因，导致员工对企业和管理者失去信心而选择离职，那么管理者就需要想方设法留住人才。一般来说，管理者在员工离职前想留住员工，需要做到以下五个关键动作。

（1）用薪酬留人

美国著名心理学家马斯洛提出的需求层次理论中，生理需求是最基本的需求。现如今，大部分人工作的目的，就是为了满足最基本的需求，而这种需求就体现在薪资上。一旦企业给的薪酬没有达到员工的预期，无法保障员工最基本的生存需求，员工必然会离职。

那么，这时候管理者就需要用薪酬留人。企业薪酬，首先需要考虑内部公平，即要按照绩效高低来决定薪酬；其次也要注意外部平衡，不能低于市场相关行业的薪资水平；最后要满足员工对薪酬的要求，让企业内部的每名员工都能获得自己应得的薪酬。

除此之外，薪酬留人需要注意的是诚信。很多管理者在选拔员工的时候，承诺员工会有很高的薪酬，结果发下来的薪酬与承诺的不符。管理者会找各种理由搪塞，即便员工理解企业发展的困难之处，也会让员工失去信心。因此，管理者承诺的一定要兑现，让员工信任管理者和企业，更有动力去完成工作，创造业绩。

(2) 机制留人

企业留人一定是要留住适合企业发展的优秀人才。因此，企业可以设定相应的人才机制，挖掘更多有潜力的人才，并淘汰那些滥竽充数的庸才。挖掘人才，门店管理者要懂得"发现管理"和"发挥管理"。"发现管理"，就是要用心去发现团队的"千里马"，而"发挥管理"就是给"千里马"创造机会和舞台，让他们能够施展自己的技能。简单来说，门店管理者要设置"优'剩'劣汰"的留人机制。

(3) 创新留人

新时代的员工，需求多种多样，传统的企业管理模式已经无法满足他们的需求，于是就会出现大量员工离职的现状。要改变这一现状，门店管理者就要创新管理制度，做到人性化、个性化。例如，可以设置弹性工作制度。这种创新方式一定能够获取员工的青睐，进而会激发他们的凝聚力

和潜能。

（4）文化留人

人是一个思想活跃、复杂、富于变化的群体。因此，选人、用人、育人、留人是一个系统性的工作，也是一项比较困难的工作。针对认识感性的人，想留住他们，就要满足他们的心理需求。而企业文化是企业的灵魂，能够扎入员工的内心，能了解他们的需求，并满足需求。例如，门店管理者要强调企业愿景和个人愿景，要将员工的需求放在第一位，关心员工的收入，也要关心员工的生活。只有这样，企业才能真正留住人才。

（5）目标留人

阿里巴巴董事长马云曾说过：无法统一员工的思想，那就统一员工的目标。对于门店管理者而言，要想留住人才，也要懂得用目标留人。首先，门店管理者需要制定一个清晰而明确的发展目标和愿景，制订切实可行的发展计划。同时还要关心员工的未来，要根据员工的需求，帮助员工进行职业生涯规划，将员工的个人目标与企业目标相结合，实现企业和个人的双赢。

5.门店人员激励机制建立

在工作中，我们不难发现，很多员工对工作没有热情和积极性，做事情本着"差不多"的态度，很少会尽力而为。导致这种现状的原因，归根结底就是企业没有建立一个完善的激励机制。

激励本身就是一种能够让人向上的动力。在工作中，如果运用了激励机制，会提高员工的积极性，让员工明确地知道自己应该朝哪个方向发展。一旦员工的目标明确，他们就会更有动力去工作，去完成目标。

但是，现在也有不少企业虽然实行了激励机制，却没有取得理想的效果。在门店终端，我们会发现，员工的激励会出现很大的问题。之前，你可能用 200 元、300 元、400 元或 500 元去激励员工，会发现比较有效。但是，现在这些激励好像并没有什么效果。

激励员工为什么越来越难？现如今，95 后已经开始步入职场，走进社会，他们不再像之前的员工一样，看重薪酬，他们在工作中追求的是快乐。所以，单纯的物质激励，并不会对他们起到激励作用。而且随着人们物质水平的提高，200 元到 500 元的这种奖金激励，很难让员工努力去工作，他们宁愿用这个时间来休息，打游戏，也不愿为这个奖金去奋斗，去加班。那么，新时代，究竟什么样的激励方式才有效呢？

■ 物质激励

物质激励分为现金激励和非现金激励。现金激励是指基本能力的激励、岗位津贴等。例如，什么岗位给多少底薪，达到什么样的绩效给多少奖金。非现金包括法定的福利，法定节假日正常放假，旅游奖励，或者单

位给员工的额外福利，如本来是三天的假期，因为员工工作表现好，奖励他四天、五天的假期。

关于现金激励，很多老板认为对于一线员工，现金激励的金额必须达到 1000 元，才能对员工产生激励作用。而对于店长，2000 元的激励才能起到应有的效果。对于督导，3000 元到 4000 元才能起到激励的效果。但是，最好的激励方式其实不是奖金的多少，而是拿一定的奖金，发挥出超额的效用。这才是真正的现金激励。那么，怎样才能既省钱又出效果呢？

假设现金奖是 200 元，该如何采取创新的方式激励？

第一种方式： 不要把 200 元直接给员工，直接给员工这个数额的奖金就显得很少，基本上不会有激励作用。我们可以换一种方式，如给员工手机充话费。一般员工充话费都是 50 元到 100 元，而管理者充 200 元的话费就会显得比较多，而且这也是一种关心方式，会比直接给现金更具激励作用。

第二种方式： 很多店长、店员要外派出去参加订货会或者培训，业绩不好的员工肯定要住两个人的标间，做得好的就可以享受单间。也就是说，做得好的员工，把本来给他的 200 元激励，改成奖励享受住单间的福利待遇。

第三种方式： 别人出差，参加订货会或者培训，下了高铁或飞机后必须坐公交、搭地铁。你做得好的话，就可以享受打车到酒店的待遇。

第四种方式： 别人出差的餐补标准是 50 元 / 天，做得好的员工就可以享受 80 元 / 天的待遇。虽然，奖励的标准从 200 元，最终可能降到 30 元，但是员工的动力却会越来越大。

上面的四种方式中，第二种方式，单人间的住宿可能需要 200 元；第三种方式，打车可能只需要 60 元；第四种方式，餐补可能就多了 30 元。为什么奖励的钱很少，但是激励的效果却很大呢？原因就是，虽然只是多了 30 元的餐补，但是这种细节的关怀，给了员工更多的温暖，对于追求情感需要的新生代员工来说，无疑会起到很好的激励效果。

■ 精神激励

精神激励，也就是非物质激励，对于追求情感需求和快乐的新生代员工而言，精神激励会更有效。例如，员工业绩如果做到第一名，总经理亲自请吃饭；如果做到第二名，总监请吃饭；如果做到第三名，经理请吃饭。反过来，做得不好的请总经理、总监、经理吃饭。

我一个朋友的公司，年终奖的特等奖设置是奖励两小时的与老板零距离谈话。如果这家公司的规模比较小，员工肯定不干，很多员工认为躲都躲不及，哪里还想跟老板谈话两小时。但是，这家公司规模很大，全国连锁店就超过了 600 家，很多人可能工作四五年，也没亲眼见过自己的老板，更不要说跟老板面对面促膝长谈。当时，抽到特等奖的是一位导购员。一年以后，这位抽到特等奖的导购员，跟老板面谈两小时的结果就是从导购员、店长、督导一步步地做到经理。因为，两小时的面谈中，老板给过他一个承诺：业绩达到 A 种程度，提升他为店长；业绩达到 B 种程度，提升他为督导；业绩达到 C 种程度，提升他为经理。可以说，这种奖励两小时和老板面对面谈话的精神激励更有效。

所以很多时候，精神上的激励远比物质激励更有效，因为它能够真正激发一个人的热情和积极性，让他能够全身心投入工作中，去完成自己的

目标，并且这种激励的持久性会比物质激励更长。

一般情况下，精神激励分为三种。

（1）文化或者形象的激励

什么叫文化激励呢？例如，优秀的员工可以做公司、产品的代言人，可以在公司的年会上，作为优秀员工代表发言。

（2）内部参与激励

举个简单的例子来说，如果老板要开一个新店，接下来跟目标激励人员说，你是我们公司的核心员工，新店选址就带你去考察吧！当这个目标激励人员跟老板一起去的时候，他就会感受到老板对他的重视，进而会更加努力、用心地付出。

（3）树立榜样，表扬员工

大多数的公司都有自己的微信公众号，可以为做得好的员工拍张照片发到微信公众号，给其他员工树立榜样，让所有的同事和客户都知道他受到了表扬。除此之外，管理者还可以给予口头上的表扬，例如，某员工业绩做得非常好，老板巡店的时候拍拍他的肩膀跟他说："你的店长跟我说你做得非常好。我们很看好你，用心做，相信你的前途是不可估量的。"在被领导表扬后，这名员工的积极性和热情一定会高涨。

除了以上介绍的两种大方向的激励方式，下面我们再具体介绍几种，在管理工作中比较实用的激励方法和技巧。

■ 目标激励

目标激励是指制定切实可行的目标，来激发员工努力工作，达成目标。一般情况下，对于基层员工来说，长期目标激励的效果可能很小。所以，对基层员工的激励目标期限定得越短越好。例如，今天员工达到什么业绩，给予什么样的奖励；如果员工没有达到多少业绩，惩罚是什么。或者是，今天员工如果达到 10000 元的业绩，奖励免除一次卫生值日；今天如果业绩低于 5000 元，就代替达到 10000 元业绩的同事打扫卫生。

在目标激励的过程中，管理者需要注意的是，如果员工没有达到目标业绩，可以适当进行惩罚，但是不要让他加班做完业绩再走。因为，员工会因为被惩罚加班情绪失落，精神状态会很差。即使加班完成了业绩，下班没有休息好，第二天的精神状态也会很差，业绩就会出现问题。如此，就会形成恶性循环，进而会导致目标激励丧失其存在的意义。

一般情况下，对于业绩目标没有完成的员工，可以采取惩罚的方式有四种。

※ 无论金额多少，再开一单就可以下班；

※ 整理仓库；

※ 调整陈列；

※ 打扫卫生。

■ 参与激励

公司制定的所有制度都让员工参与其中。例如，公司准备制定一套激励制度，可以让员工在制定制度的前期和中期进行参与，提出他们的意见和建议。员工参与到公司制度的制定中，一方面会因为其参与而认真执行制度，另一方面会增加他的主人公归属感，对员工来说无疑是一种激励。

■ 任务激励

任务激励，是指达到事先设定某个点就可以得到相应奖励。例如，管理者将目标划分成不同的任务，任务可以以小组的方式执行，也可以以个人的方式执行。无论以哪种形式，只要能完成任务，就要对完成任务的那个人或者那个小组的所有成员实施奖励。这种方式，能够大大激发员工的潜能和工作动力。

■ 授权激励

授权激励，是指授予员工更高或者更重要的权力，来激发员工的潜能，是当下比较受新生代员工欢迎的一种激励方式。所以，为了尽最大可能激发员工的潜能，门店的管理者也可以采取授权激励。

例如，我们可以给公司设定一个"一日店长"的游戏。游戏规则是，如果员工的工作完成得非常好，可以做一天的店长。这样，除了让员工得到激励以外，公司还可以及时培养人才、发现人才。我们都知道，无论是被提拔为店长，还是提拔为经理，首要条件是业绩一定要非常好。在这个过程中，我们就能发现业绩好的员工，并可以培养他们成为真正的人才。

这个游戏不仅仅是针对一线店员，还可以是上层的管理者，例如店员做得最好可以当一日店长，店长做得最好可以当一日主管，主管做得最好可以当一日经理……让店长教优秀店员如何做店长，让主管教优秀店长如何做主管，让经理教优秀主管如何做经理。这样，既能激励员工，还能帮助公司储备人才，是一举两得的好方法。

■ 晋升激励

每个人对工作的需求都不同，有的人工作是为了保障自己的基本生活，有的人想升职当经理。对于为了保障基本生活的人，可以采取物质激励，而对于想要升职当经理的人，就可以采取晋升激励。例如，门店管理者需要制订员工晋升计划，让员工明确知道，要如何才能成为店长，如何才能成为主管等。只有这样，员工的工作才会更加有动力。

■ 认可与赞美激励

无论在生活中，还是工作中，人们都渴望自己能够得到别人的认可和赞美，这对他们而言是一种激励。所以，对于门店的管理者而言，为了激励员工努力工作，一定不要吝惜你的认可和赞美。例如，员工在平时的工作中表现比较好，管理者可以说"你做得很棒""我很看好你"。这样朴实又温暖的激励方式，其实是新生代员工最受用的方式。

■ 奖惩激励

一位员工做了三年的导购员，一直都做得非常好。但是，有一次，这位导购员却私自挪用公款被店长抓住了。店长没有不问青红皂白直接进行惩罚，而是了解到员工挪用公款是因为家里有人生病才不得已而为之。于是，店长就让这位导购员及时把公款补上，同时发起爱心筹款。最后，在全体店员的帮助下，这位导购员顺利地渡过了难关。奖惩激励，是公司最常用的激励方式，但是奖惩一定要明确原因，否则会让员工认为不公平。

6. 门店管理者两字真经:"懒""黑"

作为门店的管理者,要想创造好的业绩,就一定要懂得如何做好管理工作。很多管理者认为好的管理,就是要求管理者要仔细过问每一件事,避免出现任何问题。然而,实际上并非如此。**在实际的管理工作中,要想管好你的员工,管理者不能事事都亲力亲为,适当的时候,管理者要学会"懒"才能带出一支精兵队伍。**换句话来说,要想从执行者变成管理者,要首先学会的就是无为而治,这就是管理学中著名的"懒乌鸦定律"。

一只乌鸦坐在树上,整天无所事事。一只小兔子看见乌鸦,就问:"我能像你一样,整天坐在那里什么事也不干吗?"乌鸦答道:"当然啦,为什么不呢?"于是,兔子便坐在树下,开始休息。突然,一只狐狸出现了。狐狸跳向兔子并把它吃了。

虽然只是一个小故事,但是寓意却很深。上面的小故事,折射出的寓意是,在一家公司里,要想坐在那里什么也不干,你就必须坐在比较高的位置上。这则故事中的乌鸦就是坐在最高位置上的管理者,而兔子就是底层的执行者。同样的道理,当你坐上了高位置之后,就要学会适当地放手,懂得"偷懒",让你的下属去工作,进而培养他们的执行能力。

简单来说,"懒乌鸦定律"就是让管理者学会转换思路,向乌鸦学习。一只成功的乌鸦总是坐在树上,心满意足地看着兔子跑;而一只失败的乌鸦要面临的却是兔子全部上树,而乌鸦被迫下地跑步的窘况。所以,真正懂管理的管理者,一定是"坐在树上,看兔子跑"。

管理,实际上就是通过管人达到理事的目的的一个过程。所以,管理的核心是人。那么如何通过管人达到理事的目的？最好的方法无疑是，让人直接去做事，这样既能提升个人能力，事情也能顺利完成。所以，管理者要想转换思路，首先就要够"懒"——从自己亲力亲为，到想办法让员工去做。但是，这件事说起来容易做起来却有一定的困难。因为每个人都有自己工作的思维定式。当你从"兔子"变成"乌鸦"的时候，一时间很难适应角色的转变。所以，在管理过程中，一定要找到真正有效的变"懒"的方法。那么，如何让勤劳的执行者变成"懒"的管理者呢？

■ 治好你的职业病

勤劳的"兔子"一般都会有职业病，当他们当上"乌鸦"之后，会不由自主地因为职业病，去做很多事情。所以，要想从"兔子"变成"乌鸦"，必须学会"偷懒"。"兔子"变成"乌鸦"，说明其工作能力特别强，当他当上"乌鸦"之后，看其他的"兔子"工作，就会觉得那些"兔子"工作能力差，做的工作不够出色，于是很可能会对他们说："你们这样做不行，让我来。"这样，不仅他自己会累，而且会打击其他"兔子"的自信心，阻碍整个团队的行动。所以，"兔子"变成"乌鸦"，首先一定要改掉自己残留的职业病。

治疗勤劳"兔子"的职业病，首先要做的是攻破"兔子"的心理防线，设法让"兔子"能成为一只真正的"乌鸦"。以前当"兔子"的时候，接到任务的第一时间，首先想到的是如何把这件事情做好。现在你已经站在了树上，成为一只"乌鸦"，在接到任务后，你首先应该想到的是，要把这个任务分配给哪个下属去做，谁最适合做这项任务。

■ 了解"兔子"和"乌鸦"之间的本质差别

很多"兔子"变成"乌鸦"之后，觉得自己能力强，就能使下属的能力变强。其实，自己是一个业务高手，并不意味着你就能带出一个好团队。一般情况下业务高手成为经理，会存在以下两大问题。

第一个问题：重经营，轻管理。重经营，轻管理是指经理所考虑的问题都是业务层面、经营层面和执行层面的问题。例如，如何进行销售，如何与客户谈判，如何做促销，等等。他们很少会去思考，如何才能管理好员工，怎样才能激发员工的潜能，打造超强的团队执行力。然而一个成熟的管理者，一定是将管理的核心放在员工身上，会重点考虑怎样调动员工的积极性，怎样管理员工，激励员工，提高员工的工作效率。

第二个问题：重兄弟感情。从基层的业务做起来的管理者，都很容易跟自己的下属建立兄弟感情。兄弟感情具有以下几个特点。

相信员工的自觉性。当管理者把员工当作兄弟的时候，无论出现什么事情，都会不由自主地安慰自己说："我底下这帮兄弟很不错啊，他们怎么会偷懒呢？"其实，如果你抱有这种想法，很容易造成你的下属一直偷懒。因为过于信任，很多时候不会激励对方，反而会给对方造成过度的依赖心理。

相信员工的自觉能力。因为是一起共事过的兄弟，所以相互之间非常信任。当管理者把工作交给他的时候，会认为：这么简单的事情，交给他，一定能做好。结果是，很可能他会给你干砸。

缺乏必要的激励。当管理者把员工当成兄弟的时候，会理所当然地认为员工一定会努力工作，因此会忽略对他们的激励。

刀子嘴，豆腐心。很多管理者在员工做得不对的时候，即便是兄弟也会直接指出来，批评员工。但是，一旦有上级的领导来惩罚，管理者还是会偏袒这些兄弟。这样的偏袒，不但会产生很多问题，还会影响团队成员之间的关系。

以上四点，如果是对一个在基层做业务的"兔子"来说，是没有错的。因为他对同事信任，愿意帮助同事。但是如果要变成"乌鸦"，这种做法是不可取的。这四点是管理者的"大忌"。

"乌鸦"跟"兔子"是处于两个位置上的，所以他们必定是不同的。从某种程度上来说，"乌鸦"一定比"兔子"更难胜任。"兔子"只需要做好自己的本职工作就好，但是"乌鸦"需要思考，如何才能领导好这群"兔子"，让他们发挥出自己最大的潜能，并愿意自觉工作。所以说，想要从"兔子"变成"乌鸦"，就要学会"懒"，懂得管理你的员工，培养他们的能力，让他们去执行工作任务。

当然，管理者除了要学会"偷懒"外，同时也不能没有原则地"心慈手软"，该"黑"的时候一定要"黑"。"黑"是什么意思呢？例如让店员与店员 PK，督导与督导 PK，经理与经理 PK。在他们 PK 的过程中，你只需要"煽风点火"就行。意思就是在"挑拨离间"的过程中，将他们的潜力和欲望激发出来。除此之外，"黑"意味着要学会授权授压，还要学会批评。简单来说，"黑"是以结果为导向，帮助员工解决问题。

举个例子。某业务部门有十几个人，其中有两个人的业绩做得最好，但是他们与其他同事的关系都不是很好。关系不好的原因是，在其他人看来，这两个人很不合群，而且总是干扰他们工作，导致他们绩效低下。但是这两个人并不这么认为，他们认为是其他人嫉妒他们的能力。于是为了避免矛盾激化，部门主管将这个问题反映给上级领导，建议领导劝退这两名员工，以便部

门内部能够更加和谐。领导感到很为难。

于是，该领导找到我，问我的建议。我问领导："这两个业务好的人，人品有问题吗？"领导回答说："人品没问题，但是个性有问题。"我说那真正的问题就在于你的部门经理，他没有起到真正的作用。

当部门的员工出现问题，影响团队的和谐时，部门经理就应该学会"黑"，要敢于站出来，去处理问题，让团队更加和谐。例如，面对该团队这样的情况，部门经理应该对这两名员工进行批评。当然这里的批评，不是责骂，而是要让员工清楚地知道，一名优秀的员工既要学会做事，更要学会做人。

在实际的管理工作中，门店管理者要想成为真正的管理者，就需要学会"懒"和"黑"。如果管理者只"黑"不"懒"，即便员工认识到自己存在的问题，最终解决问题这件事情还是会落到管理者身上。而如果管理者只"懒"不"黑"，就很难让员工认识到自己存在的问题。所以说，"懒"跟"黑"是并存的，只有这样，才能发挥出管理者的真正作用。

在管理工作中"懒"和"黑"的最终目的是为了激发员工的潜能，不是为了惩罚员工。所以，无论是"懒"，还是"黑"，都需要有一定的原则，要适度，否则会适得其反。

第三章
门店商品数据化管理

- 门店商品管理现状

- 门店货品流通管理机制

- 门店进、销、存数据化管理

随着互联网技术不断发展，数据化管理已经成为各大企业管理的主流模式，因为数据化管理能够让管理工作变得更简单、更精准、更实时。对于门店管理而言，更要实施数据化管理。因为门店商品种类繁多，市场以及顾客的变化大，单凭员工的能力，无法准确、及时地提供商品信息，而采取数据化管理就能解决这种问题。

　　门店商品数据化管理，可以帮助门店管理者在营销的过程中，及时掌握市场信息和消费者需求信息，也能及时掌握产品的进货信息和库存信息等，能够依据这些信息，制订精准的营销方案。除此之外，还可以及时调整产品组合和库存能力、改变营销策略，抓住商机，提高商品周转率，减少积压，创造更好的效益。

1. 门店商品管理现状

很多学员对我说："老师，怎样才能提高门店业绩呢？"我告诉他们："想要产品销售得好，先要做好商品管理。"而做好商品管理，首先就需要了解门店商品管理的现状，了解商品管理在终端经营管理中的重要性。

如果门店商品一直处于良性循环，销售工作就能得到保障，门店的账务也处于良性状态，反之，如果门店中的商品总是出现状况，门店也无法正常营运。例如，某位客户前来购买 A 产品，导购员没有按规定陈列好商品，总是找不到，客户看到这样的情形，肯定会去其他商店买。这也说明了，商品是门店业绩来源的根本。面对以上类似的门店商品管理现状，有效的商品管理就成了门店管理者应该重点关注的事情。

有效的商品管理，对达成经营顺畅、提升业绩起着极其重要的作用。商品如何分类，门店收货、销售、盘存，商品的转货管理、价格管理、陈列管理等，都是有效商品管理的重要分支。

一般情况下，商品管理要实现以下目标。

适品：适当的商品。也就是说，要把顾客喜欢的商品放在门店中销售，应当把它们放在合理的位置上，包括如何摆放货架，都是非常重要的。

适所，适当的场所。卖场环境也是影响销售业绩的重要因素。当顾客走进商店，看到了一个整洁的环境，店里的商品摆放有序，这样顾客的心情就会好很多，购买欲望会更强。

适量，适当的数量。每种商品应当进多少货，管理者要做到心中有数。如果进多了，商品卖不出去，就会变成滞销品；如果进少了，很多顾

客买不到该商品，门店就会错失销售良机。

适价，适当的价格。 如何为商品定价也是管理者要考虑的事情，价格过高会降低消费者的购买率，价格过低会影响公司的利润。你还可以在适当的时候，进行一些价格优惠的促销活动，吸引消费者前来购买。

适时，适当的时机。 商品管理也需要看准时机，例如，马上就是十一黄金周了，前来购买商品的人肯定很多，那么，在定价、商品陈列管理方面，可能需要做出一些调整，以配合这次活动。

张先生是某婴儿用品店店长。他非常注重门店的商品管理工作，要求员工对商品进行分类，并在每个区域贴上标签，例如，食品类、服装类、杂货类、玩具类等。当顾客走进商店，一眼就能找到自己商品的位置。

该店的商品，80%为公司统一进货，剩下的是门店自行进货。为了保证货物数量和金额的准确，张先生为两种不同类型的进货方式开立了不同账务系统。

每当门店进货的时候，张先生都会嘱咐员工检查货物的质量，如果发现有不合格的商品，要立刻报告。货物在仓库中的摆放也是有规定的，员工必须遵照仓储条例摆放。进货的品种、数量、金额，必须在当天记录在管理软件中。

每周末，门店都要盘点出仓库中的坏货和顾客退回的货物，检查损坏的原因，并且撰写报告，向公司反映。

张先生注重商品管理工作，门店的经营业绩也不断提高。

所以说，商品管理的重要性是不容小视的，管理者要对所有工作进行监控，保证商品的良性运作。在这个过程中，还需要注意以下细节。

■ 让员工了解商品管理的重要性

只有管理者了解商品管理非常重要是不够的，还要让员工了解，因为员工是直接跟顾客接触的，也是决定门店业绩的关键。而要让员工了解商品管理的重要性，可以通过培训等方式，让员工了解涉及商品管理的所有工作。这些工作环环相扣，哪一环节出现问题，都会影响门店的整体运作。

例如，你可以组织员工学习商品运作的整个过程，将其中的要点告诉他们，哪些环节容易出现错误，如果出现了问题，会导致哪些结果等。这样做的目的，是为了让员工清楚地认识到商品管理的重要性，督促他们严格执行门店规定。

■ 商品管理要分模块进行

商品管理是一个比较大的"工程"，可以将其分成若干模块，分得越细致，管理工作越容易进行。

一般情况下，商品管理需要做好以下几个方面工作。

（1）商品分类管理

将商品按照一定顺序进行排列，同一类型的商品放在一起。当货位不够用的时候，管理者要引导员工合理摆放货物，意在激发消费者的购物欲望。

（2）商品进货管理

有时候，门店仅靠公司统一配送的货物难以达到预期销售目标，因此还需要自行进货。在这个过程中，要注意货物的品种与质量，应当根据消费者的需求进行进货，以免出现滞销品。

（3）商品收货管理

收货过程要规范，仓管员应当先检查好货物的质量与数量，再进行签收。货物进入仓库后，管理者还要督促下属及时记账。

（4）商品转货管理

对于门店之间相互转货的情况，应当重视其中的手续。在此类行为发生前，员工必须告知管理者，并且必须在经理同意后才能进行转货。

（5）商品价格管理

如何给商品定价成为吸引消费者的亮点，商品定价要合理，不能出现过高或是过低的情况，同时要关注特价商品。

（6）商品陈列管理

商品摆放得体，消费者的购买欲就容易被激发。管理者应当保持卖场商品的有序性，不同性价比的商品应当放在不同区域，还要注意商品颜色的搭配。

（7）商品存储管理

天气变化、人为原因等都有可能使商品出现变质、损坏、被盗之类的情况，管理者应当做好预防措施，安排专人值班。

以上这些就是商品管理的所有内容，进行每一项工作的时候，都要以实现公司、门店、客户目标为"标杆"。

虽然商品管理要分成很多细节工作，但是没必要在每个环节都安排专门人手。管理者可以通过合理安排，将工作分解到现有员工身上。例如，门店导购员可以进行商品陈列工作，因为他们对产品性能和客户心理较为熟悉，知道将商品摆放在什么地方更容易激发顾客的购买欲。此外，商品收货、进货、存储工作都可以让保管员操作，因为这是一个完整的商品流通系统。

在门店商品管理过程中，管理者需要对每个模块实施监督，确保商品在安全的状态下实现流通，只有这样，门店才能获得利润。

■ 实现商品管理的目标

总的来说，商品管理的目标就是满足客户需求，达到公司财务目标，既让顾客在门店买到心仪的商品，又使得门店获得利润，帮助公司完成既定销售目标。所以，为了达到这一目的，门店管理者需要把握好商品管理的每个环节。例如，如何摆放商品，如何给商品定价，每种商品进货数量多少等，要审核员工的每一项工作，这样才能确保顺利实现目标。

商品管理的重要性已经摆在眼前，你要做的就是监控商品流通的每个环节，只有每一项细节不出现错误，商品管理才能顺利进行。

2. 门店货品流通管理机制

门店商品管理是否规范，直接影响门店销售业绩。一般情况下，商品流转需要经过很多环节，每个环节都十分重要。所以为了确保每一个环节都能做好，确保产品能够流通，门店管理者就要制定好门店货品流通管理机制。

■ 了解商品管理的核心作业

订货：管理者要根据市场需求，向供应商提出订货要求。完成这项工作的前提是，管理者需要收集大量市场信息。

铺货：也就是开拓市场的过程。管理者可以通过一系列宣传策划活动，让更多人了解你的品牌。

按时段上货：不同时间段，畅销商品的种类也不一样，管理者要根据时间变化，及时调整货物品种，才能吸引顾客。

销售：导购员的销售技能对门店业绩有很大影响。销售是"技术活"，可以通过不断变化销售策略，激发顾客的购买欲望。

货物陈列：卖场中的货物如何摆放，始终影响到门店业绩。所以说，店员不仅要有良好的销售技巧，还要懂得科学的陈列方法。

推销：销售人员要善于同客户沟通，将商品推销出去。因此，他们不仅必须充分了解产品知识，还要做到善于洞察客户的心理。

商品调配：门店经营的过程中，管理者要做到合理调配商品，既能满足客户需求，又能保证公司从中获利。

报表管理：门店都会有一份商品进销存报表，管理者应当督促员工及时记录商品的进出情况，还要定期进行汇总。月末的时候，管理者可以通过报表内容，审核门店商品流通情况。在这里，值得一提的是，应当保证报表的保密性，非相关人员不得查阅。

数据分析：管理者可以通过分析各项数据，查看它们是否在正常范围内，如果出现误差，要立即找到问题所在，并及时解决。此外，这些数据还能帮助管理者做出下一步商品管理规划。

商品计划：一个销售周期结束后，管理者要开始计划下一步商品管理方案，包括进货、销售等，这些都要提前考虑好。

李先生是某品牌日用品商店负责人。此时，他正在翻阅上周的销售报表，从该表中看出，A、B两种产品的销量占整体的 75%。李先生给供应商打电话，要求对方再各发 50 箱过来，他对小王说："等这两种商品到货后，把左边的货架放满，剩下的都堆到 B 货位去。"

现在已是冬季，李先生想到，正是保暖用品上架的好机会，他让小李把太阳帽收起来，整理好放在 C 货位，在原来的地方摆上冬季保暖商品，并且在货架上贴好醒目的标签，吸引顾客的注意。

下周就是"光棍节"了，针对这个节日，李先生策划了一个促销方案，他正和公司广告部同事商量宣传海报的事情。

每周一，李先生都要先查阅上周的各项报表，分析其中反映出来的问题，并且在例会中提出来，针对不同问题，讨论出解决办法。

每当销售周期结束，或是促销活动开始前，李先生都要进行商品计划，看看门店还需要补哪些货，是否可以把滞销货和畅销货组合卖出去。

可见，想要有效执行商品管理，就要打点好商品流程过程中的所有事情，从计划、订货到销售，要保证货物处在良性循环中。也就是说，**购进**

的货物，至少有一大半是顾客较为青睐的，这是销售业绩的基础。当然，商品进入门店后，管理者还要通过有效的营销策略，将它们推销给客户，同时保证商品流通的安全性，并且要通过报表查阅商品管理情况。关于如何有效执行商品管理，这里提出以下几点建议。

(1) 管理者要掌握最新市场信息

市场信息会不断变化，消费者对商品的需求也会出现变更。商品管理工作涉及订货和铺货，管理者做好这两项工作的前提是掌握最新市场信息。例如，红色是今年的流行色款，衣服鞋子等商品，如果为红色，会比其他颜色更畅销，因此，管理者在订货的时候，就要注意选择商品颜色。

(2) 建立完善的商品监控体系

商品进入门店后，会出现不断流转的情况，管理者要监控商品在每个环节的状态。例如，进货的时候，要核对商品的数量、金额和品种，查看质量方面是否存在问题，商品摆放在货架上或是储存在仓库中，要注意商品的安全，保证货物在交到顾客手上之前是完好无损的。

商品是用来销售的，管理者除了监控商品的安全性，还要对其销售过程进行跟进，包括门店促销活动、导购员推销商品的过程等。

(3) 提高数据的利用率

每当门店进货，或是销售货物出现滞销品的时候，工作人员都会将情况记录下来，在一段时间后形成报表，报表中的数据有非常重要的意义，管理者应当充分利用这些数据，找到提高门店销售量的突破口。例如，某份报表显示，本周 A 产品的销量下降，B 产品的销量提高。管理者应当找寻导致这个结果的原因，可能是因为天气转凉了，消费者更倾向于适合冬季使用的商品，针对这个问题，管理者要找到避免 A 产品变成滞销品的方法。

这项数据仅仅能够反映出以上问题吗？当然不是，想要提高数据的利用率，就得从不同角度查看某一项数据，A、B 两种产品的销量各是多少？与去年同期相比，是上升了，还是下降了？与竞争对手今年的销售量相比又如何？

总的来说，为了保证商品管理的有效性，管理者要随时监控商品管理的核心作业，审核每个环节的工作，保证商品带来利润的同时，帮助门店扩大品牌影响力。

■ 及时补货，别让煮熟的鸭子飞了

及时补货是商品库存管理中的一个分支，目的是为了保证货物的充足。但是，往往很多管理者没有做好补货这项工作。例如，当某种商品销售一空的时候，才想起来去补货，或是等到顾客指名要某种产品，发现没货的时候，才知道没及时补货会造成很严重的后果。不难想到，如果遇到这种情况，门店肯定会有损失，眼看就要达成买卖了，却因为没货而丧失了商机。

学员曾问我："老师，我总是担心补来的货没人要，所以将补货的工作一拖再拖，导致当顾客来买该商品的时候，货架已经空了。"

我要告诉你，在决定是否要进行补货前，你得对销售前景进行预测。例如，某种商品在过去的一段时间里，前来购买的顾客很多，并且他们还常常介绍亲友过来购买。你要知道，消费者之间的信息传播速度是极快的，所以你要考虑再补一些货。当然，这和潮流趋势也分不开，如果某种商品是今年的流行款，即便你大半年一直都早进货，也会不断有人

过来购买。

李先生是一家鞋店的老板，他正在向一位女士介绍一款高跟鞋。对方说："就是因为我姐姐在你家买了这双鞋，我才过来看看的，样子非常漂亮，而且穿上去很舒服。"李先生说："近两个月，来店里购买这款鞋子的顾客特别多，很难得有性价比这么高的鞋子。"这位女士最终买了一双。

将女士送出去后，李先生查看了这款鞋子各种颜色的库存情况，马上给工厂打电话，又订了 30 双红色款和 20 双蓝色款，这两种颜色卖得最好。

放下电话，李先生又查看了其他款式的鞋子，随即在纸上写道：A 产品再进 20 双，B 产品进 15 双。

马上就是圣诞节了，前来购物的顾客会越来越多，A、B 两种商品都是今年的流行款，虽然没有刚刚那款商品的销量好，但是毕竟是流行款，所以也有一些顾客来买，需要再进一些货。

可见，影响门店补货的要素不外乎两种：销售情况和潮流趋势。因此，这就需要管理者在做好销售预测的同时，掌握好当前的市场信息，知道哪种类型的商品比较流行。这里，有如下几点建议要告诉大家。

（1）了解最新潮流趋势

作为门店管理者，要随时关注最新潮流信息，不妨多参考相关杂志，或是通过网络了解这方面信息。例如，今年比较流行哪种款式的衣服，什么颜色的鞋子更受到大众青睐等，都会成为你补货的依据。如果你盲目补货，就可能出现货物滞销的情况，造成资源浪费。

（2）分析各项销售数据

我常对学员说，要及时记录销售数据，并形成报表，还要保存好这些数据，以便日后可以做对比。如果一段时间内，某种商品卖得非常好，说明它很畅销，这一点可以从销售报表中看出，那么这时候，你就要考虑是否需要补货了。

但是，你也不能只关注这些数据，因为数据只能反映过去时间段里的销售情况，你还要结合实际状况。例如，近期有很多顾客来购买干货，每种商品都几近脱销，是否还需要补货呢？需要补多少？你可以看看时间，如果节日将近，不妨少补一些，因为节日之后再来买干货的人就少了；如果离节日还有一段时间，可以多补一些，保证货物充足。

（3）补货也要抢占先机

如果是畅销品，不仅你要补货，其他商家也会考虑这件事。如果你不及时处理，很可能会"抢"不到货，所以说，补货也要抢占先机。

这就要求管理者对市场情况做出快速反应，一旦发现某种商品销量很高，就要进行补货，不能拖延。这里还折射出一个问题，关于管理者的销售经验。某些商品在一段时间里，超过一半的可能性会成为畅销品，你要事先想到这一点。例如，冬天到了，各种保暖商品很畅销，今年你引进了一批新产品，上架一周后，获得消费者很高的评价，销量也很可观，你明知道这类商品在该时节会很畅销，并且消费者又很喜欢这种新式玩意儿，不妨立即进行补货。

在货品的管理和流通中，管理者一旦发现时机成熟，就要考虑进行补货，以免出现货物短缺的情况，从而错失销售良机。

■ 做好库存货品管理

做好库存货品管理是商品管理的重要分支，如果能够合理调配门店中的商品，就能让其尽可能地产生经济效益。

首先，我们来看看构成门店库存的几个环节：商品采购、铺货、销售过程、补货、货品调配。这些要素覆盖了库存管理的方方面面，所以，管理者不妨从各要素出发，分析它们对库存管理的"贡献"。

从商品采购的角度说，管理者既要考虑购进商品的数量、品种，还要将它们排列成组合，按照一定条理摆放，做好商品配置工作。然后再来对铺货进行分析。

管理者要根据市场需求，把商品推销给顾客，还得根据门店的级别，考虑应当销售哪些商品。简单来说，就是门店有多大能力，就销售什么档次的商品。例如，开在闹市区的门店和开在近郊的门店，两者拥有的条件不同，竞争力也不一样，前者可以销售价格更高的商品，后者却只能销售一些经济实惠的商品。

其次，还得从销售过程的角度分析。销售人员的状态直接影响门店业绩，他们对产品知识掌握得越多，在与顾客沟通的时候底气就越足。当然，物流调配效率也会影响销售，顾客都希望买到的商品可以在最短时间内送到家里。还有，门店要注重顾客管理，优秀的导购员可以激发对方的购物积极性。除此之外，门店形象管理和促销推广活动也非常重要。

最后，从补货和货品调配的角度分析，管理者不仅要了解最新潮流信息，还得掌握最准确的销售数据，看清数据背后的意义，并且及时做好货物调配工作。

一次偶然的机会，我结识了王先生，他是 A 店的店长助理，说到库存货品管理，他对我说："从广义上说，需要订购的商品、正在销售的商品和库存商品等，都是属于门店的库存货品，做好这项管理工作的前提是管理者要充分了解市场行情。当然，如何将产品销售出去也很重要。首先，要遵循商品管理流程，先做什么，后做什么，都是有标准的。管理者要督促员工严格遵守流程和制度；其次是要把握好商品销售环节的各项工作，包括导购员的形象、销售水平等；最后要做好补货和商品调配工作，保证货物充足，又不造成浪费。"

虽然影响库存货品的要素有很多，但是不论哪一个环节，在完成工作的时候，都要遵循相关制度，管理者要定期进行检查，一旦发现问题，就得马上处理。想要做好门店库存货品管理，你还得参考以下要点。

（1）商品采购要有计划性

商品采购环节的工作成果，直接影响门店库存货品的构成。因此，在订购商品的时候，要注意其种类，还有每种商品比例。例如，你的服装店需要进货，不妨在购进服装的同时，连带一些饰品、袜子、背包之类，既可以让顾客在试衣服的时候，配上合适的饰品，也能通过饰品创造经济效益。

总的来说，在进行商品采购的时候，要先有所规划。如何进行商品组合，怎样合理配置商品，都是在商品采购之前要考虑好的。

（2）市场需求与门店竞争力分析

影响门店库存货品的另一重要因素是铺货。铺货可以帮助门店打开销路，管理者要先分析市场需求，了解消费者的购物倾向。当然，光知道这一点还不够，还得结合门店实际情况，看看门店是否能适应消费者的需求。

例如，夏天即将来临，消费者对清凉产品的需求越来越大，门店要考虑进一些相关产品。但是你要考虑门店目前拥有的条件，如果地处偏僻区域，人们消费水平较低，就不能采购价格过高的商品，而是应该选择性价比高的商品。

（3）销售过程影响库存货品

销售过程对库存商品的影响很大，试想，销售量大，门店的货物流通率就高，库存商品变化得也快。

所以说，为了提高销售量，促进货品流通，门店销售人员应当保持良好的工作状态，主动与客户交流，保持热情，还要具备充分的产品知识，这样才能激发消费者对产品的兴趣。我曾做过调查，超过 70% 的消费者看重门店的物流配送效率，也就是说，**你越快把货送到客户手中，"回头率"越高。**

除此之外，顾客管理也越来越受到重视，特别是一些会所、健身房、美容院等，顾客希望获得 VIP 待遇。因此，门店管理者要保管好他们的资料，定期对他们进行回访，也可以在顾客生日的时候，给他们送去祝福。这些看似微不足道的工作，最终都会影响品牌在顾客心中的形象。

当然，门店形象管理也会影响销售业绩，保持卖场的整洁，有规律地摆放货物，门店布置要体现出品位，才能吸引顾客的注意。

除了以上这几点，在销售过程中，管理者还要定期进行促销活动和品牌宣传推广，前来购买的顾客多了，业绩也就上去了，库存货品管理也在良性状态下不断循环。

（4）货品调配要及时

当你察觉到某样商品成为畅销品的时候，就应当考虑补货问题。管理者可以通过分析销售数据，并结合门店营运的实际情况，在第一时间考虑货品调配相关事情。目前，不少门店面临的情况是：有些商品一直积压在仓库中卖不出去，而另一些商品常常卖到断货。想要解决这个问题，必须对货物进行合理调配，不妨采用组合式销售方法，将不同商品组合起来销售，给予顾客一定价格优惠。这样做，往往更容易受到顾客关注。

很多管理者都在思考一个问题：如何降低库存的风险？如果单靠少进货，不仅解决不了根本问题，还会影响门店销售业绩。所以，**要想降低库存风险，就要靠灵活的商品运作去减少库存，使得商品流通速度加快。**

■ 定期进行盘点作业

货物盘点工作是库存管理的重要环节，也是货品流通的关键，所以应当定期进行盘点。盘点工作必须由专人负责，并做好记录工作。如果在盘点工作中发现了问题，要立即向负责人反映。盘点工作通常会发现以下问题：货物短缺，账本中的商品数量与实际数量不相符，实际数量少；货物盈余，实际数量多于账本数量；货物出现损耗等。

完善盘点作业的前提，是管理者制定一套切实可行的盘点流程。

第一步，员工要先提出申请，管理者要根据近期来货情况，安排一个合理的时间，避免出现盘点日与来货日相冲突的情况；

第二步，管理者要进行人员安排，根据员工工作量，选择合适的盘点员；

第三步，确定盘点方案，哪些货物需要盘点，在多长时间内完成等。

员工在仓库盘点的时候，要注意记录数据，同时将检查出来的问题一并写入报告中。盘点工作结束后，还要进行数据整理，最终形成报表。

先来看 A 门店是如何进行盘点作业的。

11 月 15 日，仓库小李来报告，向王总申请仓库盘点工作。

11 月 17 日，王总批复了小李的申请，并通知小王和小李两个人在 19 日进行仓库盘点工作。王总已经安排好，这一天不会有任何一家供应商发货过来。

11月18日，王总制订了盘点方案，对A货位和B货位进行盘点工作，时间为8小时，重点查看B货位是否存在商品损耗的情况，A货位由小王负责，B货位由小李负责。

11月19日，盘点工作正式开始，小王和小李一边进行盘点，一边做记录，用了6个半小时。

11月20日，盘点工作结束，小王和小李将报表递交给王总。

盘点工作也要讲究流程，才能做到井然有序。在盘点货品的过程中，管理者要明确地知道，盘点的目的是为了查看放在仓库里的商品情况。一旦在盘点中发现问题，可以在最短时间里，将事情处理好。

在进行盘点工作的过程中，还需要注意哪些细节呢？

（1）注意盘点工作的时间和人员安排

门店盘点工作往往需要很长时间，为了不影响正常销售，管理者在选择盘点日期的时候，要尽量找非进货日，避免货物出现混乱的情况。一般情况下，管理者不妨找客流量较小的日子，或是干脆歇业一天，专门进行盘点工作，保证盘点的高效性。

此外，在人员安排方面，管理者也需要注意，不能找正在忙碌的员工，会打乱其工作思路。不妨事先指定盘点人员，让他们把手里的工作与其他人交接，由他人代完成一天。

（2）盘点工作流程化作业

此外，将盘点工作流程化也是很关键的，因为盘点工作一旦展开，会打乱原先的营运计划，为了把负面影响降至最低，建议制订一套标准化流程。例如，提前三天向负责人报告，需要进行盘点工作；负责人在一个工作日内安排好时间与人员；在盘点工作开始前一天计划好方案。这样一来，便可以保证盘点工作有序进行。

（3）报表要真实反映盘点结果

盘点的目的，是通过查看相关数据，找到其中可能出现的问题。保证数据的真实成为盘点工作中管理者要督促员工的重要内容。例如，仓库少了 10 件 B 产品，就要写在报表里，不能弄虚作假。

除了以上这几点，盘点的时候还要将每阶段的盘点报表与前期报表相比较，找出其中的差异。例如，这段时间里，B 产品的短缺十分厉害，是什么原因造成的呢？如果是因为保管员管理不善，导致门店出现被盗现象，日后要加强这方面的管理。

盘点工作是商品管理的核心内容之一，管理者应当督促员工通过盘点库存，找到门店中的管理漏洞，并及时进行补救。

■ 货品防损

商品放在仓库里，出现损耗是常有现象，但是非正常损耗却会给门店带来经济损失，做好货品防损工作，不仅可以为门店节约成本，还可以做好货品流通管理工作。

商品损耗一般分为内部损耗和外部损耗，造成两种情况的原因不同，管理者要根据不同情况，找到合适的防损方法。

内部损耗说的是，当商品进入门店后，由于管理不善造成的损耗。例如，商品放在仓库里，被老鼠等咬坏了；工作人员在开箱验货的时候，不小心将里面的商品划了一道口子；在撕标签的时候，损坏了商品的外包装等。这些都会使商品受到损坏，管理者要特别注意这方面的问题。

除此之外，商品还有可能出现外部损坏的情况。例如，顾客不小心碰

碎了玻璃杯；由于天气原因，放在商店门口的货物被淋湿了；小偷混进店中，商品被盗走等情况。虽然其中某些事情不可预计，但是尽可能做好防范工作可以减少门店的损失。

张先生是 A 店的负责人，近期不断有员工向他报告：N 产品被老鼠咬坏了。张先生查看了仓库情况，发现好几件商品存在这种情况。他马上让员工买来灭鼠工具。老鼠被消灭后，仓库里的 N 产品也没有再出现损坏情况。

其实，商品防损的关键在于"防"，不要等到商品出现问题后，再进行处理。

关于商品防损工作，有以下几点建议。

（1）过往经验很重要

既然是防损，重点在于"防止"，这就要求管理者有丰富的过往经验，知道哪些环节里，商品容易出现损耗问题。例如，不能把货物堆放在潮湿的仓库里；仓库应当配备灭火器；用小刀划开纸盒的时候，应避免划伤里面的商品等。

经验丰富的管理者，会在问题发生之前就将注意事项告诉员工，尽可能防止不良事件出现。

（2）"好方法"让门店避免出现内部损耗

针对日常工作中可能出现的一些商品损耗事件，这里介绍一些好办法，避免门店出现内部损耗。

开箱开盒技巧。现实中，营业员经常遇到开箱开盒的时候划伤里面的商品。其实，这个损耗是完全可以避免的。在开箱之前，店员可以先轻轻压皱商品外包装，再将封口的透明胶带撕开。如果这种方法不实用，也可以用钥匙等钝金属物品帮助划开。

粘贴商品标签的技巧。门店经常需要在商品上贴价码标签，每当需要更换标签的时候，总是不方便，甚至在撕掉标签的过程中，撕坏了商品外包装。其实，可以将价码标签粘贴在商品底部，既不影响外观，也方便顾客找到。

注意销售过程中的商品维护。在商品销售过程中出现的损耗应当尽量避免。例如，导购员将商品递给顾客，要确认对方已经拿稳了再松手；如果看到顾客将商品随意放在货架上，工作人员要及时整理好，避免出现其他商品因受到挤压而变形等。

(3) 防止外部损耗的经验

很多学员认为，外部损耗是无法避免的，其实只要细心，外部的损耗也是可以避免的。这里可以教你几条经验，例如，在易碎品的货架上贴出注意事项，标签要尽可能醒目；如果商品被放在露天的环境中，管理者要注意每天的天气预报，一旦发现天气出现变化，就要及时组织员工将物品整理好，收回仓库；为了避免商品被盗，工作人员在下班前要检查好仓库的门是否已经上锁，或是设立值班员岗位，保证货品的安全。

在货品损耗方面，其实只需要管理者和员工更加细心，一定可以通过有效办法，将商品的耗损率降到最低，避免门店出现资源浪费的情况，从而保证门店的经济效益。

■ 恰到好处地处理畅销、滞销品

畅销品可能存在的问题是缺货，因此管理者要督促员工在畅销品可能出现缺货的时候，马上向上级报告。缺货主要参考依据是仓库中的货品即将售罄，所以管理者不妨编制一张缺货管理表格，督促员工将真实的情况

及时填写上去。

滞销品，顾名思义，就是很难销售出去的商品。一旦在门店中发现该类商品，就要及时找到应对策略，或是退回厂家，或是通过降低价格清仓销售。

梁先生经营一家小超市，他要求员工及时填写"缺货统计表"和"滞销货报警表"。某天，他通过检查两份表格上的记录发现，某品牌火腿肠有缺货现象，他立刻叫小王打电话给厂家，再送20箱来；某种牛奶糖也缺货，但是梁先生考虑到这几天来购买这种牛奶糖的人渐渐少了，所以只订了5箱。

从另一份表格中，梁先生看出A产品在进货两周后没有卖出一件，考虑到可以在进货30天内退货，梁先生马上联系该供应商……

由此看出，处理畅销品和滞销品要根据商品的特性，不能一概而论。如何恰当处理这两种商品呢？不妨看看我的建议。

（1）建立缺货预警机制

门店的商品种类繁多，有时候，管理者并不知道某种商品已经处于缺货状态了。因此，为了能够及时了解商品的库存情况，管理者应当建立起缺货预警机制，督促销售员随时注意自己负责区域的商品缺货现象。一旦发现有此类迹象，马上向上级报告。

而要做到这一点，管理者不妨编制一张"缺货统计表"。这样员工就可以将每一次的缺货现象记录下来。长此以往，管理者便知道哪一类商品比较畅销了，会事先做好应对预案。

（2）处理滞销品要看类型

处理滞销品的时候，要先看它们属于哪一种。有的供应商规定，进货30天或是60天之内可以办理退货，你要注意好时间，在规定的时间里，将商品退还给商家，以免门店遭受损失。

（3）运用销售技巧处理两种商品

有些商品在进货之后是不能退还给商家的。针对这个情况，管理者必须运用销售技巧，将这些商品销售出去，尽可能降低门店的损失。例如，将畅销商品与滞销商品组合起来销售，并且在价格上给予一定幅度的优惠。这种方法一直被推广，也是比较有效果的一种销售方式。

正确处理畅销品和滞销品，是商品管理工作的重要部分。所以，管理者应当根据实际情况，运用不同管理办法，有效地处理这两种商品，让门店的损失降到最低。

3. 门店进、销、存数据化管理

传统的门店管理，是由店员每日记录访问量，以此确定门店的进、销、存货的数量。但是如今随着人们生活水平的不断提高，人们的消费水平和消费频率也在不断提升，单凭门店店员人工记录，无法满足门店运转的需求，可能造成很大的失误。而这时候，随着互联网的发展，数据化管理应运而生。运用数据化管理，不仅能减轻员工的工作量，还能精准定位门店进、销、存货的数量。所以说，门店进、销、存的数据化管理是门店实现盈利的一大利器。

那么，门店管理者应该如何实现进、销、存的数据化管理？很显然，我们需要建立一套门店进、销、存数据化管理系统。一般来说，建立进、销、存数据化系统需要注意以下几点。

■ 明确系统目标

建立进、销、存数据化系统应该达成以下目标。

※ 可以通过键盘录入当天销售的产品、实际收入金额、采购清单和验货清单；

※ 能够自动结算应收金额和找零金额；

※ 可以自动打印小票，并实时更新数据；

※ 可以查询到商品销售信息、库存信息、采购清单和进货清单；

※ 能够根据验货清单，确认采购的货物，并实时更新系统；

※ 不同的门店之间可以共享数据化系统。

■ 对系统进行分析

明确了门店进、销、存数据化系统之后，就要对系统进行分析，明确如何构建系统，确保数据化管理能够顺利运行。

首先，要清楚地了解门店管理的业务流程。

一般来说，门店数据化管理系统的工作流程如下图所示。

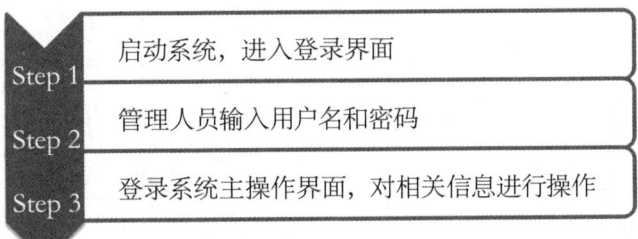

图3-3-1 门店数据化管理系统工作流程

业务处理流程如下图所示。

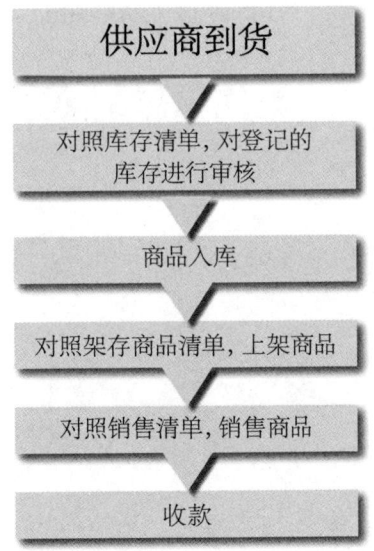

图3-3-2 门店数据化管理系统业务处理流程

在以上两个流程中，门店管理者可以获取很多相关的信息，如基本信息、货物信息、仓库信息、供应商信息、销售信息等。获取了这些信息后，门店管理者可以对这些信息进行操作，以便更好地实行门店进、销、存的数据化管理。

其次，要会绘制进、销、存 E-R 图，即进、销、存的实体—联系图。

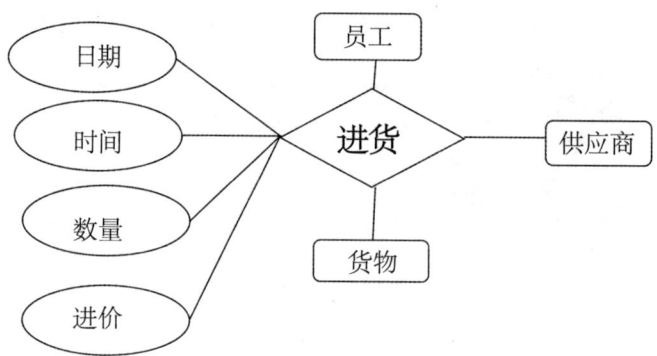

图3-3-3 进货E-R图

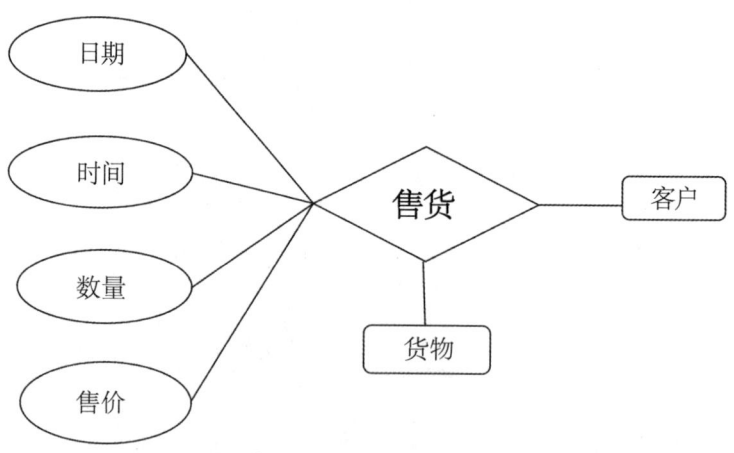

图3-3-4 售货E-R图

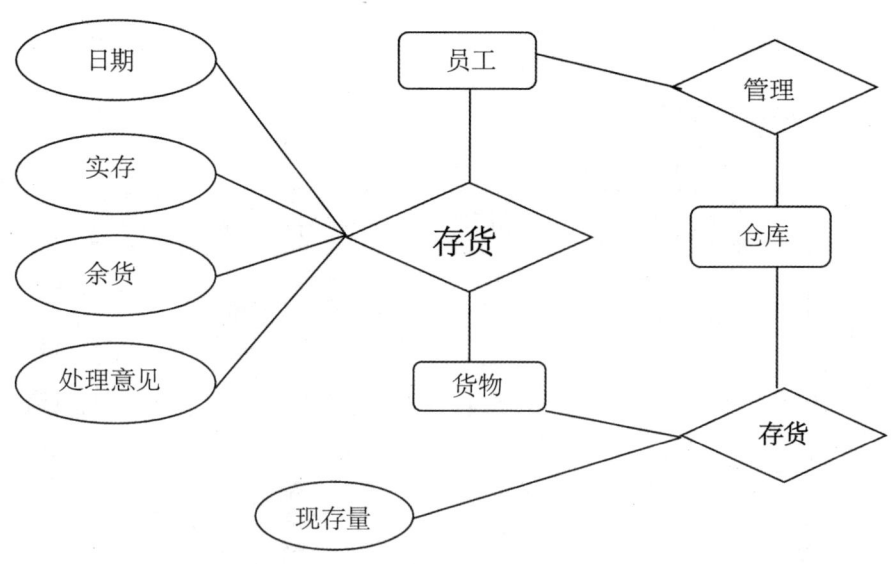

图3-3-5 存货E-R图

最后，要对从进、销、存 E-R 图中获取的信息进行处理。处理流程如下。

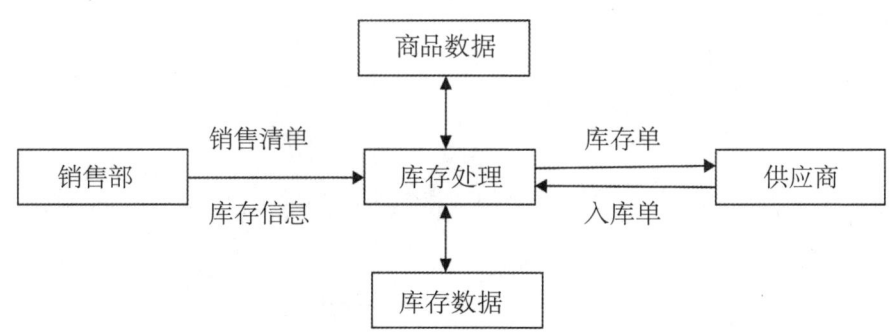

图3-3-6 进、销、存信息处理流程

对进、销、存数据进行处理。处理流程图如下。

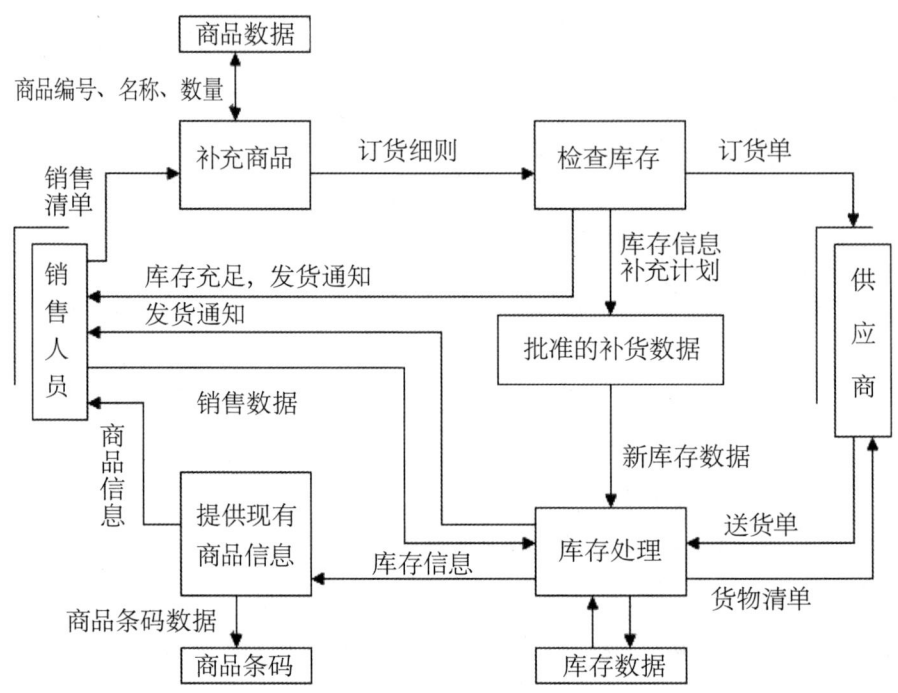

图3-3-7 进、销、存数据处理流程

第四章
门店卖场管理机制建立实施

- 门店现场管理问题
- 门店卖场监督标准建立
- 门店营业流程建设
- 门店资讯管理

门店卖场是消费者最直接接触的地方，因此，门店卖场管理的好坏，直接决定了门店业绩的高低。所以说，要想提高消费者进店率和购买率，就需要对门店的现场进行严格的管理。一般来说，门店管理可以从以下四个方面入手：门店现场管理问题、门店卖场监督标准建立、门店营业流程建设和门店资讯管理。

1. 门店现场管理问题

当顾客走进商店，首先会打量门店的布置。门店温暖的灯光、有序的陈列都会给顾客带来美好的感觉，这是毋庸置疑的。我一直对学员说："保持卖场的整洁是每天的必要工作，当你的门店能够做到这一点，再考虑如何摆放货物。"此外，人员形象也是门店形象的重要组成部分。根据我的调查，店员如果穿着统一的服装并且佩戴工作证，会给顾客留下非常专业的形象。

为了给顾客一个更好的形象，卖场应当形成合理的营业流程。要做到这一点，就需要管理者通过会议，将销售流程告知每一名员工。只有当门店员工熟悉了流程，才能保证工作井井有条。这种"流水线"式作业，不仅能维持门店现场形象，还能提高工作效率。

在卖场如何陈列方面，我向学员介绍了《四季陈列标准手册》，管理者可以根据货物的类型，设计不同的陈列方式。还要根据市场的变化，把同行业中存在竞争关系的货物，通过《信息管理细则》展现出来，以便更好地制定出行销策略。

华子经营着一家中型超市。他要求员工在每天工作结束后，对卖场进行清扫，保持卖场干净整洁的状态，员工在上班时间要换上统一的工作服，食品类销售员还得戴上帽子和口罩。超市开业不久，便形成了一套销售流程：每周一要举行例会，总结上周的工作；销售员要在每周三将需要采购的货物清单给采购员；销售员要编制每日销量表，在下午6点前递交给销售主管；每月末还要汇总该月的实际销量与退货、换货数量。超市一直按照该流程操作，把工作失误率降到了最低。

华子还组织员工编制了《四季陈列标准手册》，在不同季节如何摆放货物，员工都可以从手册上找到根据。

面对不断变化的市场情况，华子还对市场和竞品信息进行细分，虽然已经编制了细则，但他还需要根据环境的改变而不断对此进行修改，以完善细则。

几年间，华子不仅成功扩大了超市的规模，还形成了独特的管理模式，尤其是卖场管理。

所以说做好卖场管理，其实就是要为顾客营造有序的购物环境，让陈列在货架上的商品激发消费者的购买欲望，然后通过合理的销售流程，让顾客在更短时间里购买到心仪的产品，从而提高卖场业绩。当然，这一切都要以良好的门店环境为起点，因为这是吸引顾客走进商店的首要条件。我列出了一些注意事项，供参考。

■ 注重门店和人员形象

当顾客走进门店，店内环境可以让他的情绪变得轻松愉快，他会享受购物过程，反之则会使得他想尽快离开门店。

为了提高门店形象，门店设计要突出主题，例如，某门店的主要客户群是年轻女性，店内装饰要显得有活力，可以采用颜色鲜明的装饰品，并且体现出这是一家服装店。

此外，保持门店的整洁也很重要。谁都不想踏入一个脏兮兮的店里，因此管理者要督促员工做好保洁工作，这也是对客户的尊重。

在门店形象方面，管理者还要注意某些细节，例如，店内光线要适中，过亮或是昏暗都会影响客户的情绪。

人员形象也要得到管理者的重视，不妨将此写入门店规章中。例如，工作人员必须穿工作服，女性要将长发挽起来等。写入了规章，员工就必须执行，管理者还要每天检查。

人员形象不仅仅指外表，他们对待客户的态度也很重要，导购员是否有精神，说话是否用礼貌用语，都会影响客户对门店的评价。

■ 搞好营业流程管理

门店需要建立合理的销售流程，管理者可以通过门店实际情况建立。例如，每周一要举行例会，总结前一周的工作，员工必须在周一下午四点前完成手上工作；导购员要在每天下班前，将当天的销售额报送至主管处；采购人员要在每个月前五天完成上月费用报销手续等。

当建立起营业流程后，管理者还要解读给全体员工听，让他们明白自己需要完成哪些工作，自己的工作与同事有什么联系，还要提醒员工按时完成工作，一旦某个人出现拖沓的情况，会影响整个营业流程。

除此之外，管理者应当注意开会的高效性。为了提高会议的效率，管理者不妨让员工在会议前递交相关资料，待管理者审阅之后，把需要拿出来同员工讨论的事情整理好。这样一来，会议便有了重点，再将这些事情分成若干条例，逐一解决，就能提高会议的效率。

■ 编制《四季陈列标准手册》

有效的商品陈列可以激发消费者的购买欲，做好商品陈列必须遵循一些基本原则：可获利性、陈列点、方便性、价格等。

（1）可获利性

陈列必须有助于提升门店销售业绩。将哪些货物陈列出来？按照什么顺序摆放？它们各自摆在什么位置？都是管理者要考虑的问题。通常情况下，会将卖相好的商品放在较为醒目的地方，将相对畅销的商品放在客户一眼就能看到的地方，意在引起顾客的注意。

（2）陈列点

在一个门店中，如何摆放货架才能引起消费者的购买欲，是管理者需要思考的事情。货架一般靠墙摆放，或是放在门店的中央，并且要在旁边留出过道。此外，货架的摆放要方便顾客走路，也得让他们在拿货的时候很方便。

（3）方便性

货品的摆放要考虑到客户是否方便拿取，顾客选择商品的时候可能会站在不同角度，这是你应当想到的。如果顾客随时随地可以轻松取到物品，他们的购买率就高。切记不同商品混放，会造成顾客的负面情绪。在粘贴宣传单的时候，注意不要粘到商品上。

对于如何摆放货物，管理者不仅要将条例整理成册，督促员工严格执行陈列手册，还要定期对他们进行检查。

■ 做好市场信息管理

门店管理者不但要监督门店内部的运营情况，还得跟踪不断变化的市场信息和竞品信息，建立起细则，做好市场资讯管理。

首先，管理者要在第一时间了解这些信息，不妨安排专人负责此事，让他们在规定的时间内向你提交报告。

其次，你需要对这些信息进行整理和分类，按照什么方式分类，如何整理，都要写入细则，并且严格执行细则。

最后，你需要把整理好的信息汇总起来，便于运用到工作决策中去。

在管理细则中，要写明市场资讯管理的流程，谁需要做什么事情，都应当写清楚。这样做，能够确保事情有效落实。

总而言之，为顾客提供好的购物环境有助于提升他们的购买欲望，当消费者走进卖场，看到整洁的环境和陈列有序的商品，他们的积极情绪会马上被调动起来。因此，为了提高门店的吸引力和销售额，管理者要督促员工严格遵守卖场管理细则，使得销售工作紧张而有序。

2.门店卖场监督标准建立

■ 门店人员监督标准建立

门店人员监控的目的，是为了将其与员工考核联系起来，从而使日常管理工作得到改善。对人员的监督，其实就是要监督员工的服务质量，而管理者要监控员工的服务质量，为了提高工作的有效性，可以将其与员工考核联系起来。例如，某员工在这个月里，得到了顾客的一个服务差评，管理者就应当扣除他相应的考核分数。

这样做的目的，是为了督促员工提高服务质量，谁在这方面表现好，就能得到适当奖励，对于员工本身来说，也是一种激励。

处理好这方面工作，对改善门店整体管理水平也有一定帮助，我们可以通过一个案例体会其中的含义。

胡先生是一家餐饮企业的负责人，为了提高餐厅的服务水平，他邀请每桌客人在用餐结束后，对工作人员的服务进行评价。月末，公司会根据每个人的被评价结果，确定他们的考核成绩，并按照最终成绩发放月末奖金。

此办法使用后，门店的服务水平不断提高，顾客对工作人员的服务评价也越来越好。现在，不仅员工都能遵守公司的顾客服务守则，还不断琢磨提高服务标准的方法，餐厅的管理工作又完善了很多。

表4-2-1 门店探访——顾客服务评核表

评分说明:
1.70% 或以上员工完全没做 (0 分) 顾客服务表现一般，仍须改善不足之处，需做出具体整改计划 2.50% 以上员工有做但表现一般 (2 分) 顾客服务基本达标，仍须注意细节改善 3.70% 以上有做且表现良好 (4 分) 顾客服务跟进到位，须继续保持，及对于有问题的事项做出跟进

填表说明:
1. 在每步里面评分的同时也可添加备注，因为空格较大 2. 考核标准后面的空白表格里的五格 (打竖) 分别填写:门店名称、客户名称、探访日期、门店店长姓名、员工人数 3. 若评分中出现"0"分或者"2"分，需在该栏列出具体原因 4. 请评核人写上表现特别出色和特别需要改善的同事姓名及事件经过，在离开门店时请与该门店主管反馈整体情况制定跟进时间及方法，并签名确认，评核后将表格整理、归档

门店:	客户名称:
探访日期:	店长姓名:
员工人数:	
评核标准:	

一、亲切招呼			五、 附加推销		
1.店员面对顾客有笑容、点头及保持目光接触			1.运用搭配，利用推广、新货、特价、VIP 卡等进行附加推销		
2.语音亲切、音量适中，并运用固话:早上好(中午好、晚上好)，先生 / 女士，欢迎光临 ×× 公司			2.主动了解顾客需要，并主动推荐其他搭配商品(饰品、货品)		
3.双手自然放在身前或身后，保持正确站立姿势 (不倚靠货架，站姿不歪斜，双脚与肩同宽)			3.对顾客进行搭配建议，将准备好的配衬品主动做展示		
			4.主动讲解洗涤、保养方法 (在顾客有意向购买时)		
该项平均分:			该项平均分:		

二、了解顾客需要			六、 全程服务		
1.面带微笑，第一时间接待顾客，并保持适当空间 (一个手臂距离)			1.使用邀请式手势指引客人到收款处付款，并与收银同事交接件数		
2.第一时间告诉顾客门店现时推广，固话运用:您好!先生 / 女士，全场 ×××× ，请慢慢挑选			2.收银流程的规范使用 (唱收唱付、双手交递等)		
3.留意顾客购物信号、主动展示货品			3.售后服务 (礼貌告之取货、取 VIP 卡日期并介绍本季季刊，视情况告知换货原则等)		
4.开展非销售对话并及时发现顾客优点(运用赞美、关心等)			● 道别:(此道别适用于迎宾位讲，客人未离开门店不能直接道别)顾客有购物后离开门店时，固话:谢谢您，先生/女士，欢迎下次光临!顾客无购物后离开门店，固话:请慢走，先生/女士，欢迎您下次光临!		
5.主动询问和细心聆听 (提问时运用开放式问题进行提问，开放式:请问您需要什么类型的衣服呢?)			该项平均分:		
该项平均分:					

表4-2-1 门店探访——顾客服务评核表

续表

三、诚意推荐		七、团体合作	
1.留意顾客购物信息(看模特、用手触摸衣服等),并适时协助		1.店员在服务环节间做出明确交代及回应	
2.货品FAB的熟练运用 F: 特性 A: 优点 B: 好处		2.交代及回应音量适中及面向同事	
3.主动展示货品搭配,成套介绍货品(至少两件)		3.全体店员发挥合作精神主动补位,员工站位分布正确	
该项平均分:		该项平均分:	
四、鼓励试衣		八、员工状态	
1.主动邀请顾客试穿,手势指引客人往试衣间/镜前		1.店员妆容统一,按当季的化妆要求,妆容明显(眼影/腮红/唇彩)	
2.试衣步骤的正确运用(邀请手势、试衣前、中、后的服务要求,例:帮顾客挂衣服、提醒顾客试衣间有高跟鞋搭配和锁门)		2.制服干净,整洁,符合当季公司着装要求	
3.报姓名并正确运用试衣步骤和固话模式。固话模式:您好,先生/女士,我叫××,让我帮您把衣服挂好		3.店员工牌统一挂于左胸位置	
4.销售过程中提供专业意见(赞美、搭配、推荐其他款式的货品、准确解答顾客疑问)		4.店员工鞋按公司当季工鞋要求,统一穿着	
5.留意客人从试衣室出来,并能尽快上前协助(客人一出来就能上前协助,不让客人等候)		5.头发干净,整齐,不佩戴夸张的饰品,不留过长的指甲	
6.量裤方法的正确运用(三点量裤法)		该项平均分:	
该项平均分:			
值得表扬项目:			
跟进事项及内容:			
评核人签名:		门店负责人签名:	
总平均分:			

　　对员工实行服务质量监督的最终目的,是为了让他们真正了解,服务质量对于门店业绩提升的重要性。监督只是一种手段,目的是为了能够实现管理上的进步。管理者要想通过监督员工日常服务质量,获得工作考核指标和管理的改善,还需要注意以下细节。

（1）了解顾客的情感需求

提高门店的服务质量，是为了让顾客得到更温馨的消费体验，因此管理者在进行服务质量监控的时候，应当注意顾客的情感需求点。例如，A店经营儿童用品，消费者前来选购商品的时候，还希望得到一些育儿经验，如果导购员能够满足顾客这一需求，就容易激发消费者的购买欲望。

管理者应当及时发现这一点，以顾客的情感需求点为基础，不断修改《门店服务手册》，同时形成科学的考核指标。

（2）形成合理的考核指标

在形成考核指标的时候，要注意其合理性与可行性。你需要分清顾客提出的服务建议中，哪些是合理的，哪些是不合理的，然后再修正员工日常服务中的行为。

为了提高工作效率，管理者应当尽量精简考核指标。某次培训课上，我让学员列出相关考核指标，有些人写道：客户好评数量、客户差评数量……其实，你完全可以用好评率代替：好评数量／总评价次数，再制定出考核标准，例如，好评率低于 95% 就算不合格。

（3）记录管理工作趋于完善的过程

将门店服务质量与员工考核联系在一起，是为了最终提升门店的管理水平。对于很多终端管理者来说，这可能是一次"探索"，因此不妨记录下管理工作趋于完善的过程，对门店的发展有很大好处。

对门店员工建立监督标准，不仅要做到以上几点，还要将其与员工绩效联系起来，这样才能真正做到提升服务质量。这个过程中，门店的管理水平也能够得到不断的提升。

■ 门店货品监督标准建立

对于客户而言，他们最关心的是什么？无疑是货品。所以说，做好门店货品监督，建立监督标准是管理者的重点工作，也是门店标准化管理中的重要组成部分。

这里所说的"货"，不单单指销售给客户的产品，而是包括了门店从原料采集到销售，对整个货品流通和质量的监控。**如果你可以自信地对客户说："您购买我的产品，请放心它的质量。"那么，门店会吸引越来越多的购买者。**

然而有不少学员反映："门店没那么多人手来监控货物的运转情况。"其实，你并不需要在货物流转的每个环节安排监控人员，这些事情可以由现有的员工完成。

唐先生是一家餐厅的老板，对食材的质量尤为关心，他常告诫员工："菜肴的质量是餐厅的生存根本，不能出现差错。"

每天清晨，唐先生都要检查采购员买回来的原料，并且监督他们将不同食材用不同方法保存。从中午开始，厨师们要准备做饭了，唐先生规定，每位厨师在做饭前，都要检查菜的质量，一旦发现原材料变质，就得停止使用，并且记录下来，保证端给客人的菜肴都是新鲜的。

菜做好后，还要由服务员检查一遍，才能端给顾客，所以唐先生的餐厅，一直保持很低的客户投诉率。

每天晚上，唐先生都要安排员工检查库存原料的质量。如果发现变质的菜，要及时处理，并且做好记录，以免其他菜受到影响。

菜肴的新鲜度一直是该餐厅吸引顾客的亮点，唐先生通过保证菜肴的质量，维持了顾客的口碑。

货无好的质量，门店便很难支撑下去。管理者如果能严格监控货物在各种状态下的质量，结果就大不相同。这里有几点经验你可以参考一下，能帮助你管理好货物。

（1）严把进货关，从源头防止次等货进入门店

要想货品的质量好，就得从原材料监管做起，控制好采购环节，防止次等货进入门店。门店一般会安排采购员进货，但是进残次货的情况时有发生，不妨让加工或销售环节的人员参与进来，检查原材料的质量。

例如，某家服装店新进了一批货，采购员已经检查了货物的质量，你可以让导购员再检查一遍，因为他们对服装更加了解，知道哪些地方要重点检查，从而保证了货品的质量。

（2）监控货物流通的每个环节

货物从进入门店到销售出去，要经过好几个流通环节，如果每个环节都建立起严格的监控制度，货品的质量便有所保证。这里建议门店管理者在每个环节设立记录册，内容包括：日期、谁检查过货品、情况如何等，这些都要有所记录。这样做是为了提高员工的责任心，因为日后一旦发现问题，是谁的责任便一目了然。

（3）交到顾客手上前，还要再检查一遍

产品即将交给客户前，店员应该做最后一次检查，如果发现有问题，可以在销售前解决。这样做，就能够保证交给客户的产品质量是一流的。我曾做过调查，有这种习惯的门店，大多保持着较高的销售额。所以，这里建议，店员可以当着客户的面对产品进行质量检查，一方面体现出对客户负责任的态度，另一方面让对方感受到温馨的服务，有利于吸引客户。

保证货物的质量，是门店得以生存的根本条件，管理者可以利用现有的人力资源，建立起有效的监控机制。客户对产品满意，品牌口碑自然更容易建立。

■ 门店现场监督标准建立

对于销售员来说，卖场就是"阵地"，他们要在这个"阵地"上实现销售业绩的提升。众所周知，卖场环境会直接影响消费者的购买心理，好的环境可以激发对方的购买欲望。如果你是消费者，当你走进商店的时候，一定会被整洁的环境、工作人员良好的工作状态所吸引，认为这个门店的员工都是训练有素的，才会有和他们交流的想法。可见，门店现场管理对销售工作的影响巨大。因此，为了给顾客更好的印象，管理者需要建立门店现场监督标准。

我曾对学员说："**不要小视门店形象问题，一个杂乱无章的门店是无法吸引顾客的。**"为了吸引更多的消费者，门店除了保持卖场的卫生良好外，管理者还要注意货物的陈列管理，应当将同一类商品摆放在一起，还要挂上醒目的指示牌，让顾客一眼就看到需要的商品。

李先生是一家超市的负责人，此时，他正在卖场进行检查。当他看到员工小李没有佩戴工作证，要求对方立刻去休息室戴上，并对员工说："统一的着装和整齐的佩戴，能够给顾客安全感，让他们感觉这个超市的管理是规范的，他们才愿意在这里买东西。"

走到某处货架前，李先生发现 A、B 两种商品摆放非常杂乱，他马上叫员工整理好，说道："东西乱放，会影响顾客的购买心理，如果摆放整齐，他们挑选的时候也方便。"

检查完卖场后，李先生组织员工开会，并告诫大家："保持良好的卖场环境，对提高超市业绩有很大帮助，大家要注意自身形象，也要注意卖场形象。"

平时去购物的时候，我们会发现，自己购物时的心情，的确会受卖场环境影响。所以说，门店现场的监督和管理，对门店的业绩高低有很大的影响。因此，在门店精细化管理中，卖场这个要素是需要管理者监督的。关于卖场的监督管理，需要做到以下几点。

（1）制定卖场管理制度

员工要如何做，才算是维护了卖场秩序？为了维护稳定的卖场秩序，给顾客一个美好的消费场所，管理者不妨将一切都写入卖场管理制度中。从员工着装到商品陈列，要做到事无巨细，制度覆盖的范围越广，越能起到重要作用。

那么，如何制定卖场制度呢？管理者可以将制度划分为如下几个模块。

※ **店员形象**。包括店员的服饰、妆容等。

※ **商品陈列管理**。店里面商品要如何陈列，才能更大程度上吸引顾客，让顾客停留更久的时间，促进产品成交。

※ **卖场卫生**。干净、整洁、舒适的环境，才会让顾客停留更久。

当然，除了以上这些，还有很多细节问题，需要不断发现和完善，进而建立全面、完善的卖场管理制度。

（2）定期整顿卖场秩序

即便制定了制度，卖场还是会出现不和谐画面。所以说，光有制度不行，管理者还要定期整顿卖场秩序，监督制度的执行情况。例如，成立一个暗访小组，扮演顾客的角色，对卖场环境进行检查。如果发现不符合制

度的情况，立刻向管理者报告，管理者再根据具体问题，召集员工开会，告诉他们在最近一段时间里，他们在哪些方面做得不好，并且提出下一步管理策略。

（3）将卖场管理与员工考核联系起来

有了制度，员工不一定都会遵守，如果将其与员工考核联系起来，处理工作就方便多了。你可以在员工考核制度中加上有关卖场管理的内容。例如，一旦发现员工在上班时间没有穿工作服，将扣去当月奖金的 5%；如果某位员工负责的区域，出现商品乱放的情况，将扣去当月考核成绩 5 分等。当卖场管理与自己的利益联系在一起的时候，员工就会自觉遵守卖场制度了。

卖场环境的好坏，直接影响门店的业绩，管理者要监督这个过程中的每一个细节，切忌觉得事情不大而疏于管理。

3.门店营业流程建设

■ 店长一日工作流程

表4-3-1 店长一日工作流程表

时间	日工作项目	工作项目描述	工作标准
9：45之前	着装整理	进店打卡	
9：45—10：00	晨检内容准备及抽查各导购员商品交接情况	重要文件内容摘要（后勤专员提供）；前一天销售数据（主推、销售、完成率）的分析及点评（自行准备）；前一天的各岗位工作情况及重点案例的点评，近期公司促销动态，今天的销售目标与重点工作，今日注意事项	
10：00—10：20	晨检开始	1.晨检礼仪（5分钟）：检查员工仪容仪表；报告出勤情况；员工见面问候语："各位同事早上好""好""很好""非常好"，爱的鼓励掌声	
		2.工作安排（5分钟）：今日重点工作安排（事件、销售、其他）；近期公司促销活动及活动注意事项；销售总动员（明确目标）	导购员前一天的任务占比与月度任务占比对比，只能高或等于。对低于月底占比的导购员，分析原因
		3.总结前一天工作，服从店长安排的当天事务，执行销售任务	
		4.工作安排（5分钟）：今日重点工作安排（事件、销售、其他）；近期公司促销活动及活动注意事项；销售总动员（明确目标）	
10：20—10：30	巡场	1.对于前一天销售最差的导购单独了解情况，给予指导性意见	
		2.检查门店卫生（从外到里）	
		3.检查门店有无过期布置，必须清理干净，保持最新的活动信息	

表4-3-1 店长一日工作流程表

续表

时间	日工作项目	工作项目描述	工作标准
10: 30—11: 00	走动式管理	1. 查看当日送货、收款情况（尤其是旺季时）	
		2. 卖场员工的销售状态，有无扎堆聊天，有无空岗空位，有无不主动补岗现象，站姿站态及销售用语是否正确	
		3. 检查前一天低产导购员和检查前一天低产导购员主推的类型	
		4. 赠品资源及其他资源是否充足，是否会影响近三天的销售，并予以解决和调拨	
		5. 随时掌握员工的心理或行为动态，并予以帮助或解决	
		6. 针对卫生死角，立即责令责任人在不影响销售的情况下进行整改或限时整改，并予以复查	
		7. 抽查各销售人员的业务技能及促销活动、主推型号等	
		8. 针对门店突发事件（缺货、客诉、人员等问题），及时联系并解决	
11: 30—12: 00	市调及其他业务	1. 去竞争对手门店了解，针对对手的促销活动、促销商品、价格变动，及时与公司相关人员联系，及时调整价格和营销策略	
		2. 对外的公关协调等工作	
12: 00—12: 30	日常工作	1. 合理安排员工就餐，杜绝空岗情况	
		2. 查看当日销售状况	
		3. 自提类商品的库存变化及管理（订单、残次、滞销、90天不动销商品）	
12: 00—12: 45	就餐时间	就餐	

表4-3-1 店长一日工作流程表

续表

时间	日工作项目	工作项目描述	工作标准
12: 45—13: 00	空岗检查	检查人员的在岗情况（人员精神状态、纪律等）	
13: 00—14: 00	销售分析	查看各导购员销售情况并进行分析	
		察看最新文件，针对紧急的文件精神立即执行	
	检查人员到岗	检查人员的到岗情况	
14: 00—16: 00	日常工作、巡店	1. 检查各柜餐后人员到岗情况	
		2. 查看当日送货、收款情况（尤其是旺季时）	
		3. 卖场员工的销售状态，有无扎堆聊天，有无空岗空位，有无不主动补岗现象，站姿站态及销售用语是否正确	
		4. 对当天销售差的导购重点给予指导	
		5. 赠品资源及其他资源是否充足，是否会影响近三天的销售，并予以解决和调拨	
		6. 随时掌握员工的心理或行为动态，并予以帮助或解决	
		7. 针对卫生死角，立即责令责任人在不影响销售的情况下进行整改或限时整改，并予以复查	
		8. 抽查各销售人员的业务技能及促销活动、主推机型等	
		9. 针对门店突发事件（缺货、客诉、人员等问题）及时联系并解决	
		10. 随时参与门店销售	
		11. 与外围单位进行联系，拓展门店客户群	
16: 00—16: 20	门店晚检	1. 对晚班人员传达重点文件精神，近期公司促销动态	
		2. 数据通报（含当天的销售、延保、主推等完成率情况）	
		3. 晚班人员注意事项	
		4. 当天的销售目标与重点工作，当日注意事项	

表4-3-1 店长一日工作流程表

续表

时间	日工作项目	工作项目描述	工作标准
16：20—16：30	交班	早晚班店长与副店长（店助）交班	
16：30—18：15	日常工作、巡店	1. 参与门店销售	
		2. 查看目前销售状况，针对各导购的销售占比进行指导性销售	
		3. 卖场环境的检查（温度、垃圾桶、照明、背景音乐、消防通道的畅通、卖场卫生）	
		4. 跟进、检查上午巡检时的未尽事宜	
		5. 针对对手的营销政策的变化，与分部相关人员及时联系，及时调整本门店的营销策略	
18：15—19：00	就餐时间	晚餐	
19：00—19：30	销售分析	1. 查看截止到目前，各导购员的销售，并做销售分析	
		2. 样板上样率及周转情况，赠品是否满足未来一周的销量，针对短缺资源及时向相关部门申请	
19：30—20：00	卫生检查	卖场卫生情况检查	
	结束营业	1. 欢送各位员工，感谢每一位员工一天的辛苦付出	
		2. 打卡下班	

■ 店员一日工作流程

表4-3-2 店员一日工作流程表

时间	日工作项目	工作项目描述	工作标准	考核指标	备注
9：45之前	着装整理	进店打卡			
9：45—10：00	自我检查及样板管理	1.自我检查仪容仪表及精神状态			
		2.检查样板，清理样板，调试样板，清理展台卫生，二卡一签、宣传单张的摆放等			二卡：功能卡；样板卡；一签：价签
10：00—10：20	参加晨会	1.准时参加门店晨检，认真听取晨会内容			
		2.总结前一天工作，服从店长安排的当天事务，执行销售任务			
		3.查阅、打印当日库存，对缺货商品、样板及时补货，及时了解库存状态及销售的注意事项			
		4.厘清今日须跟进顾客（含已销售未送货的顾客、客诉顾客、意向购买顾客等）			
10：20	背景音乐	按公司指定曲目要求，播放门店背景音乐			
10：30—19：20	日常工作	1.热情接待顾客，全程微笑，做好顾客的咨询，销售过程中应主动指引顾客办理交款手续，帮顾客搬运出门，全程礼貌服务			
		2.无顾客时，对主推商品、商品知识及卖点、促销活动方法进行自我学习			
		3.无顾客时，清理样板、展台卫生，各类价签功能卡、宣传品维护摆放一次，确保整齐、完整（无次数规定，无顾客时，就可以做）			
		4.参与实际销售，及时解决销售过程中各类问题。如遇客诉，必须亲自跟进解决			
		5.随时调研对手价格及营销动态，将信息反馈给店长			
		6.全天保持良好的卖场纪律，不可聚众聊天，大声喧哗			
		7.无顾客时，跟进所须跟进的顾客或维护大客户			
		8.查阅、接收公司新的文件，无条件执行			
		9.严格根据分部的价格指令书执行，力求销售利润的最大化，杜绝违规操作			

表4-3-2 店员一日工作流程表

时间	日工作项目	工作项目描述	工作标准	考核指标	备注
10：30—19：20	日常工作	10.严格执行样板政策，做好样板的管理，及时更新，保证出样率（尤其是保证主推产品出样率），完成清理超期样板的任务			
		11.已售未提商品的跟进处理			
		12.查询库存，对门店自提商品如果库存不足以满足未来一周的销售，要及时向店长提交要（调）货申请			
		13.严格按照赠品制度进行管理，做到账实相符			
		14.对重点企业单位、VIP客户介绍商品或交由店长协助跟进，给顾客提供增值服务。原则上不放过任何一次销售机会			
		15.全天候参与销售			
		16.努力推销公司确定的主推产品及经理指示要尽快消化的残次、滞销品			
		17.对领导分配的售后服务、上门调试工作应坚决执行，力求让顾客满意			
		18.贴心服务（大客户跟踪）			
11：30—12：15或12：15—13：00	午餐时间	服从安排进行午餐，避免出现空岗的现象			
13：30之前	着装整理	13：30进店打卡（周末12：00）			
16：00—16：20	门店晚检及工作交接	1.全部人员参与晚检			
		2.早班、晚班人员进行交接，主要交接内容为销售的任务指标、人员工作安排及早班时段未完成事宜的跟进情况			
		3.学习当天下发的文件，及时反馈邮件			
17：30—18：15或18：15—19：00	晚餐时间	服从安排进行晚餐，避免出现空岗的现象，确保样板的安全			
19：00—20：00	销售冲刺	不时查询实时销售，不放过任何销售时机，做当日的最后冲刺			
	卖场整理	1.对卖场卫生情况、样板摆放、商品安全情况进行检查			
		2.清理完卖场所有垃圾			
		3.关电闸、锁门			

4. 门店资讯管理

门店每天都会面对客户，客户的需求就是门店资讯的具体表现形式，将门店资讯提炼并反馈给公司，帮助他们做出正确的经营决策，也是管理者的主要工作之一。

如何向公司反馈市场的信息，做好门店资讯管理？首先要对市场有充分了解，近段时间以来，顾客比较青睐哪一类产品，哪种商品的利润较高等。这些都是管理者需要收集和整理的信息和资料。此外，门店会经常进行促销活动，消费者对活动的反应如何，也要及时向公司汇报。例如，做一份报告，或是制作一张销售情况表，递交给公司，做到客观、真实反映市场信息。

杨先生是某家居用品店店长，十一黄金周期间，门店组织了一次促销活动。活动中，A 产品卖得非常好，B 产品销量一般，C 产品基本上没有进行销售。不少客户反映，商家赠送的礼物不是很实用，而且购买金额必须达到5000 元才享受九折优惠，希望可以更便宜些。还有不少客户愿意放弃赠送的礼品，希望商家可以提供上门安装服务。根据这些信息反馈，杨先生立即向公司递交了一份"市场信息反馈说明"：

本店组织了"黄金周大促销"活动，现将活动过程中收集的市场信息反馈给公司，望公司批准。

因 A 产品销量很好，所以请公司务必在下周一之前再送 100 件货到门店，B、C 类产品无须进货。

客户表示，活动中赠送的礼品不实用，希望得到类似雨伞、茶杯等日常生活中常用的物品。

很多客户的购买金额在 4500—4800 元，望公司调整九折优惠下限。

针对一部分客户愿意放弃享受打折，而想要公司提供上门安装服务的要求，请公司斟酌。

第二天，公司领导批阅了杨先生的反馈报告，并同意了一部分申请。

在实际的销售活动中，经常会遇到顾客各种各样的信息反馈。但是很多管理者认为顾客的要求比较多，不可能满足他们所有的需求，所以自然而然忽略了这种反馈信息。但是销售的目的就是为了将产品卖给顾客，如果连顾客的反馈意见都不处理，那么商品必然很难卖出去。所以，对门店管理者而言，除了要对货品和卖场进行监督管理，还需要懂得对收集的销售整个流程的相关信息进行管理，以便给顾客提供更满意的服务。

一般情况下，做好门店信息管理，需要店员和管理者时刻留意门店内的信息动态以及整个市场的信息动态，并及时将这些信息以表格或文字的形式，传递给公司的上级。这其实就是一个完整的市场信息反馈过程，能够有利于及时发现问题，处理问题，提高门店的业绩。在这个过程中，有如下几点需要大家注意。

■ 了解信息得有深度、广度

管理者做好资讯管理的前提条件，是充分了解市场信息，而且既要有深度，还得有广度，才能保证信息的有效性。

例如，你想知道行业内其他门店在近期都进行了哪些促销活动，产生的效果如何，就得调查处于不同区域的门店，尽可能多调查几家，信息才更具有真实性。而且不仅要知道这些门店在促销活动中销售了多少产品，还要了解其业绩增长率，哪些商品比较畅销，促销活动的亮点是什么等。

也就是说你了解的信息越多，调查的范围越广，你获得的信息量就越大，更利于你做好门店的资讯管理工作。

无论是调查对手门店的经营情况，还是了解自己门店的日常工作，管理者都要对信息进行深度挖掘。换句话说，要通过表面现象，找到促成这个现象的原因，还得全面了解信息，防止因为片面了解信息造成误差，而导致分析失误，无法发现真正原因。

■ 营销活动后应当及时反馈市场信息

门店会经常组织促销活动，不仅在于活动可以在短时间里提高门店销售业绩，而且对品牌推广有很大帮助，还可聚集人气，积攒固定客户。

当一次活动结束后，管理者应当对活动期间所反映出来的市场信息进行整理，并立刻反馈给公司，帮助他们做出下一步营销策略。

例如，为了迎接中秋节，门店在前几日举行了主题活动，吸引了不少客户，销售业绩也很可观。在活动期间，管理者不能只关注产品的销售额，还需要利用这次活动收集更多的信息。也就是说，在活动期间你要观察，哪些商品比较畅销，客户对活动的评价如何，前来购买的顾客为什么年龄段等，将这些信息写入反馈报告中。

■ 分清真实信息和虚假信息

管理者的职责是将真实的市场信息收集起来，并反馈给公司。但是，这个过程中，你很可能会收集到不真实的信息，那么，分清信息的真假就显得尤为重要了。

例如，本次促销活动中，A 产品几乎销售一空，就说明 A 产品能成为

门店主打产品了吗？可能并不是这样，如果销售 A 产品不能给门店带来很高利润，就无法将其定为主打产品。

所以说，管理者收集市场信息的时候，不能只关注表面现象，还要发掘更深层次的信息，并对这些信息实时跟进，确保能够看到其最真实的一面。

总而言之，做好门店资讯管理，需要收集有效的信息，并将信息反馈给上级。而要收集到有效信息，就要求管理者既要保证信息的有效性、真实性、及时性，还得将信息归集整理好，反馈给公司，为公司做出下一步决策提供有用的信息和资料。

第五章
门店销售管理系统

门店的最终目的是实现盈利，而盈利的关键就是销售。因此，门店管理者需要重点关注门店销售管理系统。如何做好门店销售系统的管理，让销售工作能够顺利进行？本章将从四个方面入手，帮助门店管理者解决这一问题。

1. 门店目标管理现状

■ 不知如何分解目标

不知道如何分解销售目标，也是导致销售业绩不好的原因之一。我之前听到不少学员说："我有目标啊，却不知道从何下手。员工总是说压力很大，弄得我都不知道怎么办好了。"其实，他们的问题出在没有合理地将目标分解开来，去一点点完成。

目标是一个比较笼统的概念，当管理者将目标传达下去的时候，大多数员工表现出来的是惊讶和迷茫。就像你的面前，突然被放了一个大蛋糕，明知道肚子很饿，但还是无法用大蛋糕充饥，必须用刀切成一个个小块，才能吃完它。

管理者应当用同样的方法对待销售目标，让大的目标分解成员工通过努力可以实现的小目标。试想一下，如果管理者可以将它分解成月目标，周目标，在员工看来，就不会迷茫了。

李先生被调任至 A 店当店长，他查看了之前的销售情况，又分析了明年的市场行情，认为门店可以完成 200 万元的销售目标，在之后的员工会议中，他将这个消息公布出来。

会议一结束，员工就开始议论："去年门店只完成了 150 万元的销售额，今年一下子要提高这么多，肯定没办法完成的。"不少员工认为这是一个无法实现的目标，开始担心起来。

转眼一个月过去了，李先生查看门店的销售报表，通过对比发现，这个月的销售额比去年同期下降了很多，这让李先生陷入思考中……

可见，如果没有将销售目标分解开来，很容易挫伤员工的积极性。没

有被分解的目标只会带给他们迷茫，而不是动力。除此之外，管理者如果不懂得分解目标，还会造成以下结果。

（1）盲目增加员工的压力

如果管理者没有进行目标分解，而仅仅告诉员工今年要完成多少额度的销售量，会增加他们的心理压力，因为员工不知道如何完成这么多任务，他们会觉得无从下手。管理者不妨对比如下两种情况下的员工心理。

※ 管理者告诉员工，今年要完成120万元的销售额任务，多数员工会产生迷茫的感觉，他们不知道如何销售产品才能在年底实现这个目标。

※ 管理者将120万元的销售目标分解开来，每个月完成10万元，每周完成2.5万元，再细分至每一天、每个团队、每个人，员工会觉得目标很清晰，明白每天要完成多少销售量。

用分解目标的方式，帮助员工减少工作压力和心理负担，才能让员工更轻松地投入工作中。

（2）员工执行力下降

既然设定了销售目标，是否能完成它关键在于执行。如果没有将目标分解开来，势必会影响员工的执行力。例如，某门店制定了销售目标，但是没有完成目标分解工作，他们会想着如何尽快完成这个看上去非常大的销售量。当管理者告诉他们需要做哪些工作的时候，他们会担心这样做是否不利于完成目标，所以只会按照自己的方法工作，进而导致执行力降下。

（3）门店工作效率低下

我在给一些企业当顾问的时候发现，终端工作效率低下的重要原因，是管理者没有进行目标分解工作。例如，某导购员在同顾客交流的时候，非常想把商品推销给对方，所以极力推荐，甚至没有考虑到对方是否需要这个商品，这样做容易让顾客反感。

再者说，为了冲击销售额，导购员会尽可能将价格高的商品推荐给客户，而忽视了将最合适的商品推荐给他们，导致销量反而下降。

所以说，门店管理者如果不知如何将销售目标分解开来，不仅会影响门店工作的节奏，还会对实现目标不利。 因此，为了实现门店的战略目标，管理者需要懂得如何将目标分解成员工可执行的小目标，让员工用动力去奋斗，去达成，最终促使战略目标达成。

■ 不懂如何监控营业目标的达成

当门店制定了营业目标，又将目标分解开来后，管理者的下一步工作就是要监控员工对目标的执行情况。一般情况下，监控的方式有如下几种。

（1）现场监控

管理者亲临卖场，监督员工对目标的执行情况。

（2）电话沟通

管理者可以定期给销售人员打电话，询问他们完成了多少目标销售量。

（3）远程图片传输

可以通过这种方式，让管理者看到卖场的实际情况，从而判断门店销售成果。

（4）销售报数

员工将一段时间内门店的销售量汇报给管理者，例如，本月卖出商品100件，总金额价值2800元。

（5）同商场所在管理人员沟通

销售负责人可以通过与门店销售主管进行沟通，了解一段时间内，卖场的销售情况。

（6）销售例会

每隔一段时间，或是在大型销售活动结束后，管理者可以召集销售员开会，由下属讲述近段时间的销售情况。

（7）监控表格

可以让销售员定期给管理者发送销售报表，以便管理者了解最准确的销售量。

王先生是某品牌N办事处的营销总监，此时，他正在查阅C市销售主管发来的销售报表。从报表中看出，C市各终端上个月的销售量都超过了目标销售量，王先生马上将反馈意见通过邮件，传送给对方。

邮件发送完毕，王先生又给B市的经理赵华打电话，询问他们那边的销售情况，赵华如实反映了情况，虽然没有C市理想，但也勉勉强强完成了任务。

下午，王先生去了办事处所在地的各终端网点，不少门店已经完成了本月的销售任务，王先生让秘书小李通知各地区销售主管开会。

第二天的销售例会上，主管们一一汇报了近期的销售情况，王先生要求那些还没有完成销售任务的城市，要尽快完成任务。

可见，对销售工作实施监控的方式有很多种。管理者可以根据不同情况，采用不同方法，目的都在于了解最真实的销售资料，并且对员工进行督促。在监控达成营业目标的过程中，管理者还需要注意这些细节：

（1）定期召开销售例会

门店管理者定期召开销售例会，让员工反映这段时间内的卖场销售情况，这种面对面的交流方式，能保证信息传达的有效性。

参加销售例会的员工，来自不同终端，管理者可以分析各终端的销售情况差异，并适时提出下一步要求，进而提高工作效率。

（2）与卖场员工保持沟通

日常工作中，管理者应当随时与卖场工作人员保持联系。例如，在周末的时候，你给某终端销售主管打电话，询问卖场销售情况，这种随时沟通的方式，不仅让对方保持紧迫感，还可以了解某个时点的营业状态。

（3）月末提交销售报表

进行报表分析是销售管理的重要环节，管理者应当督促员工在月末提交报表，并且保证表中数据的准确性。管理者通过审阅报表，可以了解当月哪种商品销量比较好，哪种商品销售情况不理想，为制定下一步营销策略提供可靠的理论基础。值得一提的是，报表必须在规定时间内传达给管理者，不能延误和出现拖拉情况。

总而言之，在门店销售管理中，如果管理者不懂得监控销售过程，就无法了解员工在销售环节中出现的问题，也就无法及时解决问题。如今，市场环境变化日新月异，销售情况自然会随着市场行情变化而不断出现变量，如果没有及时根据营业监控，对市场变量提出应对措施，门店将很难实现销售目标。

2. 门店业绩诊断

一个门店的生意好坏，要先看一下门店的业绩如何。而门店的业绩，需要管理者懂得在经营过程中，对业绩数据进行分析和诊断。目的是找到经营中存在的问题，然后改正问题，提升业绩。一般情况下，业绩诊断需要分析以下八个指标。

■ 畅销款

畅销款，顾名思义，是店里卖得最好的明星产品。例如，你是卖车的，哪些款的车型卖得最好就是畅销款。关于畅销款，一定要知道店里前十名的畅销款有哪些。然后，你还需要了解它们畅销的原因。也就是说，作为管理者，每周都需要对店里的销售情况有充分的了解，知道哪些是畅销产品，为什么畅销。是因为价格、款式、面料，或者是因为员工比较喜欢，这些都需要分析清楚。

我们都知道，员工越喜欢的产品，它的销量就会越好。那么，有没有办法让员工喜欢所有的产品呢？方法一定是有的。例如，我们的门店的滞销款，怎么才能让员工喜欢然后卖出去呢？你可以告诉员工，这些不是滞销商品，这些是钱。让他们不要把滞销商品当商品看，当钱看，卖出去他们就能拿到工资、提成、奖金。如果一个员工看到钱都不心动的话，那么他对公司也就没有价值了。

所以，作为管理者，一定要知道自己门店的畅销款是哪些，它们畅销的原因是什么。另外，管理者还要了解畅销款库存和畅销款代替品的情况。因为，一个畅销款不可能永远畅销，如果没有代替品，门店的生意就肯定会受到影响。例如，管理者要了解畅销品的库存能不能满足接下来的销售，如果畅销品不够应该选择哪些商品作为代替品。

除此之外，管理者还要了解畅销品的补货情况。例如，补哪些货？补多少？何时补？不能出现等到货补到的时候，现在的畅销品却卖不动了的情况。也就是说，管理者一定要掌握畅销款的畅销周期。畅销周期的长短不一定，一般根据产品的性质来确定周期。假如平时你的畅销款的畅销周期是半个月，那么，你就基本可以把门店畅销款的周期锁定为半个月。如果半个月后你还在订货，或者订的货半个月后才能到，那么它们很可能成为滞销品。

还有，就是管理者每周的例会要给员工讲解畅销品的卖点是什么，也就是我们常说的 FAB 分析法。FAB 分析法是产品推销员向顾客分析产品利益的好方法。FAB 的销售陈述：在进行产品介绍、销售政策（进货政策）、销售细节等表述的时候，针对客户需求意向，进行有选择、有目的地逐条理由地说服。所以，实施 FBA 分析法的前提是，销售员一定要熟悉产品的卖点是什么。我们都知道话术对于店员的销售非常重要。

有一次，我去给一家公司培训。培训的过程中，我就加了一个演练的流程。演练的背景是情人节快到了，公司准备了一些情人节的礼物送给 VIP 客户。这就需要店员打电话对 VIP 客户进行邀约。

当时，我是扮演顾客的角色，让参加培训的人轮流对我进行邀约。邀约的过程中遇到了很多问题，最典型的问题是下面这个。

店员："邰老师，您好。情人节将近，我们门店为 VIP 客户准备了一些礼物。您看什么时间有空，到店里来拿一下。"

我说："你们送的什么礼物？"

店员："礼物都是精美包装过的，我也不知道是什么。只有等到您来到门店，拆开后才能知道具体是什么。"

我说："要不你帮我拆开看看。"

当顾客要求拆开的时候怎么办？关于礼物，我们都知道它的价值肯定不是太大，不然公司的成本太高。所以，这个时候一定不能拆开。那么，我们该如何应对顾客的要求呢？我们可以这么说："邰老师，我对礼物也非常好奇。但是，公司规定不能拆开。一旦我拆开的话就违反了公司的规定，严重的话我可能就会丢了这份工作。这个忙我还真帮不了您，您还是抽空来一下公司亲自拆开吧。"

还有一种情况也非常普遍。

店员："您什么时间来店里拿礼品？"

我说："要不你帮我留着，我现在出差，下周六才能回去。"

关于这种情况，很多店员都选择了答应顾客。我想告诉大家的是，根据统计，很多的店员给顾客留下的礼物，基本上最后都没能被顾客领回去。

所以，面对这样的情况，我们坚决不能答应顾客帮他留着的要求。我们可以这么回答："这个礼品是公司限量赠送的，仅有 50 份。公司规定先到先得。所以，您还是百忙之中抽时间来吧。就给您打电话的这么一会儿工夫，已经有 5 位像您一样的客户领走了礼品。"

■ 滞销款

作为管理者，不仅要了解门店前 10 名的畅销款，还要充分了解门店后 10 名的滞销款。管理者要每周找出门店的滞销款，并知道它们的占比情况，然后想办法把这些滞销款变成畅销款。很多人认为这是一件很难的事情，但是这并不是一件办不到的事情。

首先，门店管理者要明确知道一点：**畅销款之所以畅销其实只有一点，就是员工喜欢。也就是说，员工喜欢的产品就能成为畅销款，员工不喜欢的产品可能就成为滞销款。**

例如，针对滞销款的女装，我们该怎么做呢？很简单的一种方法就是让员工试穿，做成样版。通常情况下，解决滞销款的衣服有三种途径。

※ 员工穿版

※ 陈列在黄金区域

※ 穿在 model 身上

关于滞销款，管理者需要掌握的第二点是，了解员工对滞销产品的态度和方法。很多员工对于滞销款的定义是，这种东西已经过时了，根本卖不出去。如果员工是这种想法，这款产品只会永远滞销。例如，员工喜欢的是 A 款，顾客却想要了解 B 款，员工就会想方设法把顾客的注意力转到 A 款。出现这种情况，顾客可能就不满意了。

再比如，我们去逛超市。A 款洗发水有促销员，B 款洗发水没有促销员。即使我们喜欢 B 款洗发水，但是 A 款洗发水的促销员也会想方设法把 A 款洗发水介绍给你。最后，最大的可能是你不仅没买 A 款洗发水，自己喜欢的 B 款洗发水也没有心情买。所以，要想解决滞销款的问题，首先要改变员工对滞销品的认识。

■ 大类销售的占比

管理者要做到充分了解大类销售的占比，了解门店货品组合的销售情况，从而做出补货的判断。订货的时候，我们知道有的是必订款，有的是

选订款。如果是必订款，这盘货已经下来到你的门店，如果出现断货该怎么做？这些都是门店管理者必须了解清楚的，对门店的业绩诊断有很大的帮助。

■ 连带率

连带率就是附带销售，例如消费者去超市买洗发水，然后买了饮料和牛奶。连带率越高，门店的营业额越高。所以，管理者要了解产品的销售情况、搭配情况，以及员工附加销售的搭配技巧。

附加销售是影响客户单价的重要因素。首先，我们要找出顾客消费的承受能力，看看如何将附加销售转为连带，让顾客更容易接受。

例如服装行业，连带就很简单。当顾客看到第一个货品，对第一个货品产生兴趣变成有意向购买，准备走到试衣间试穿。这个时候，你的连带成功率是比较高的。

想一想，当我们到麦当劳、肯德基点餐的时候，销售人员告诉你第二杯半价。我们就会想，既然第二杯那么划算，当然会选择购买。这就是连带销售的魅力所在。

所以，当顾客对第一件货品产生兴趣，并有意向购买，你再连带销售的成功率非常高。为什么很多营业员抱怨，他们也连带了，为什么效果却不尽如人意呢？原因就是，顾客对第一个货品没有产生兴趣或者没有产生购买欲望的时候，营业员就开始连带销售其他货品。最后，不仅连带没有成功，可能还导致顾客失去购买第一个货品的兴趣。所以店员在做连带销售的时候，一定要确保顾客对第一件产品有兴趣，这样才能提高连带率。

■ 平效

平效是指每平方米的销售额。例如，一个门店的销售额是 100 万元，门店面积是 100 平方米，那么平效就是 1 万元。我们也可以把门店分成 A、B、C、D 等区域，可知每个区域产生的销售额是多少，平效是多少。对于门店管理来说，需要明确掌握这些信息，并对其进行分析，你会找出哪块区域存在问题，然后做相应的调整，进而提高门店业绩。

■ 销售额

员工的能力有高有低，销售额也不同。如果某个员工把某个货品卖得非常好，而其他的货品卖不出去，我们就要分析其中的原因。如果 A 员工卖 B 产品比较好，C 员工卖 D 产品比较好，就要让他们互相交流一下经验。

■ 货品流失率

对于门店来说，体积较小的产品可能更容易丢失。例如卖衣服，你会发现饰品会经常不见了。因此，管理者对小件货品的丢失也要充分地注意。如果小件货品经常丢失，那么就需要采取相应的措施。

■ 检讨竞品的销售情况

什么叫检讨竞品的销售情况呢？我们首先要找到和自己产品一模一样的竞品，然后进行竞争对手调研。调研的方法很多，最简单的一种就是派自己的员工去竞争对手的门店了解。当然，你不能把员工派到同一个商场的竞争对手门店，而是要派到不同的商场去了解。然后，顾客提出问题的时候，你才能对答如流。

3. 门店促销管理

很多门店把促销理解成是打折，其实，促销不等于打折。促销是扩大品牌知名度的一种方式，而打折只是促销手段里面的一种，不是全部。**真正意义上的促销是指，通过各种方法传递产品信息，说服或者吸引消费者购买产品，最终达到提高销售额的目的。**

有一次，我到一家门店买背包。看中一款背包，标价是 380 元。刚开始的时候，我抱着试一试的态度，想挑出一点问题，可以让价格便宜点。然后，营业员跟我说，要是诚心买的话，她就 280 元卖给我。但是，我想看看最低价能拿到多少。于是我就跟她说，隔壁同款的包包都比她家低很多。最后，营业员一听我这么说，立刻说 180 元卖给我。这个讨价还价的过程，前前后后不超过五分钟，那个背包的价格降了 200 元。于是，我跟营业员说，我再去别的店看看。店员一听我要走，很着急地跟我说，80 元卖给你吧。一个一开始标价 380 的背包，最后降了 300 元。这样的"背包"和这样的门店，在生活中是最常见的。当你知道价格差这么大的时候，即便再喜欢那个包，价格再便宜，你也不会买，因为像被欺骗了。

上面的店员认为自己只不过是运用了正常的促销手段，但是这并不是真正意义上的促销，反而会让顾客降低对你的信任。所以，企业的促销活动，不仅仅是要改变或加强消费者的购买行为，更是一次宣传企业形象的机会，因此，促销手段的好坏，对企业发展来说是至关重要的。

一般情况下，门店要做促销活动，首先要将产品和促销的信息提供给顾客，其次要突出促销活动的特点。突出特点是指本次促销的主要卖点是什么，主要针对哪一个顾客群。一个优秀的管理者，会对自己门店的顾客进行分类。

通常情况下，按消费心理分类，顾客大概可以分为四类：价格型顾客、价值型顾客、附加价值型顾客和复合价值型顾客。如果门店的顾客大部分为价格型顾客，那么促销活动采用降价的手段就比较有用。如果门店的顾客大部分买正品，问新品，不讲价，那么促销活动采用产品品鉴会，效果肯定好。如果门店的顾客大部分送礼品才买，不送礼品不买，那么促销活动就采用买一送一（礼品）。所以说，要想促进成交，提高销售额，那就需要针对不同的消费者，采取有针对性的促销手段。

门店的促销方式，可以分为两大类。一类是人员销售的促销方式，另一类是非人员销售的促销方式。人员销售的促销方式一般包括发传单、电话销售等；非人员销售的促销方式一般包括户外广告宣传、社交网站宣传等。但是，随着时代的发展，发传单这种传统的人员促销方式，似乎已经没有太大的成效。所以，为了更好地实行促销活动，我们需要考虑促销的六个关键因素：促销目标，"推、拉"策略，市场性质，产品性质，产品生产周期和促销预算。

促销目的：是为了扩大品牌知名度，扩大销量，还是清理库存？只有明确了促销目的，才能确定促销的策略，否则无法达到预期效果。

"推、拉"策略：是开一辆车去小区让目标顾客扫码送礼品，还是送现金？

市场性质：目前你所在的行业或者所在的商圈是打价格战的多，还是卖正价的多？门店的顾客是城市流动人口多，还是城市固定人口多？

产品性质：产品的功能是什么？能够解决消费者哪些需求？这是促销管理者需要关注的重点，因为只有能够帮助消费者解决问题，满足消费者

需求的产品，才能吸引消费者，进而达成成交。

产品生命周期： 促销活动，需要根据产品的生命周期来制定，不只是在十一促销，必须搞 7 天的活动。有一个猪肉品牌，它的促销方式每天的每个时间段都不同。例如，上午 10 点之前正价销售，10 点到 18 点钟 7 折销售，18 点以后 6 折销售。

促销预算： 很多门店做促销之前，根本就没有详细的预算。即使有预算的门店，促销以后也很少有总结。谁来策划这场活动，谁就要对活动负责到底，这些都是促销活动能否成功的关键。

综上，我们可以明确地知道，促销活动不是简单的打折，只有根据不同类型的顾客，按照促销六要素，制订完善的促销计划，才能确保促销活动顺利进行，并取得一定的成效。经过各大门店的促销活动实践，现如今，门店须知的促销策略有以下 26 种。

（1）产品折价让利

这里所说的折价让利和传统的折价让利不同。例如，你的产品标价是 1000 元，准备 6 折销售，也就是说它的促销空间是 400 元。我们可以告诉店长和店员，如果能够正价卖出去，400 元的促销费拿出来 60% 或 80% 作为奖金。大家不妨想一想，让利给员工还是让利给顾客？肯定是让利给员工，这样可以提高员工工作的积极性，并让他们投入最大的激情去销售，进而提高销售额。当然，这种让利给员工的促销方式不能经常使用，一年一次或者两次最好。因为，如果这种促销方式太频繁，员工就会产生依赖心理。

以前，我给一个家私门店做过促销方案。他们的一款沙发的标价是 20000 元一套。通过了解，老板告诉我他们也做折价促销，一般是 6 折销售。但是，他们的折价促销是针对顾客的。也就是说，促销活动能够给顾客带来实惠，但是跟员工的收入没有任何关系。我就跟他说，如果采用我的方案，即使是打 8 折，也会比以前的销量更高。

那位老板开始的时候抱着怀疑的态度。他认为除非消费者疯了。我告诉他，不是消费者疯了，是要让员工疯。我告诉他，给顾客打 8 折。然后，把多出来的折扣差价和员工五五分成。

一周后，那位老板找到我，跟我说促销的效果太好了。他告诉我，这样的促销政策出来后，员工的积极性得到了很大的提高。其中有一个男性营业员接待一位女性顾客。经过两小时的沟通，那个营业员仍然坚持原价 20000 元。顾客为了能够得到折扣找了各种各样的理由，最终都被营业员一一拒绝了。其间，女顾客想要上厕所，营业员就主动把她带到商场的厕所，并负责站岗。顾客中午找借口说去吃饭，营业员就跟着去请她吃饭。最后，那个营业员以正价成交了客户，拿到了 4000 元的奖金。第二天，所有营业员的积极性都被调动了起来。那一次，家私店一个星期的营业额超过了同期一个月的营业额。

所以，门店管理者在实行促销活动的时候，不应该被自己的思维局限住。促销活动的目的是为了吸引和刺激消费者来购买产品，提高销售额，而要达成这一目的，靠的是跟消费者直接接触的店员。所以产品让利，不仅是要让给你的消费者，更要让给你的员工。

(2) 赠品销售

赠品销售是指买 A 送 B，或者买 C 送 D。A、B 一般是门店商品，C、D 一般是礼品或门店商品。例如，买衣服送拉杆箱，买车子送保养，买电脑送保修，买手机送保温杯……

（3）现金返还

到商场购物，我们会发现很多的门店，在结账的时候都会返给顾客一定面额的现金券。现金券的用途是下次销售时，可以充当现金使用。这种方式的确能起到一定的吸引作用，但是因为时间久了，很多消费者拿到返现金券，基本上最后都被他们扔掉。这种看不到真正现金的返券方式，对消费者的吸引力也就大大降低了。

所以，既然是现金返还，那就真金白银地返给消费者现金。当然，这里说的返现金并不是当时就给顾客真金白银，而是设置一定的期限。例如，5月1日购物，5月5日让顾客到门店拿返给他的现金。因为，一般情况下，门店刚做完活动的后面几天，基本没有顾客光顾。采取这样的现金返还方式，门店的顾客流量就会增加，就有可能产生一定的营业额。当顾客来拿返还的现金的时候，门店可以进行二次销售。

（4）凭证优惠

凭证优惠是指A门店和B门店进行合作，拿着A门店的消费凭证到B门店消费可以得到一定的折扣，或者，拿着B门店的消费凭证到A门店消费也可以得到一定折扣。例如，你到电影院看电影，拿着电影票根到我的门店来消费，就可以得到8折优惠。异业联盟就是某种形式的凭证优惠，能让两家企业获得双赢，也是商业模式发展的趋势。

当然，A门店和B门店也不一定是合作关系，也可以仅仅是单方向的凭证优惠。例如，某服装店折扣政策是拿着南航头等舱的机票票根可以享受8.6折优惠。这家服装店根本没有和南航进行合作，仅仅是想要圈住南航头等舱的顾客。

在凭证优惠的促销活动中，管理者需要注意的是，凭证优惠最重要的一个特征是能够建立消费者的信心。例如，持某某银行信用卡享受 × 折优惠等等。因为某某银行信用卡已经得到了顾客的认可，门店这样的促销方式就更容易得到顾客的认可。

（5）积点购买

积点购买是指，当顾客转介绍达到一定数量后，可以在原来的基础上享受折中折或者免费。例如，转介绍顾客数量达到 10 位或者 × 元，这件商品就可以在 9.8 折基础上再享受 8 折，或者直接免费。

（6）联合促销

联合促销是指两家或者多家门店进行合作促销。男装门店和女装门店合作，摄影楼和婚纱店合作等等，类似于异业联盟等方式进行深度合作。

我是 A 航空公司的金卡会员。有一次，我坐 B 航空公司的飞机，空乘人员拿着一张表格告诉我只要我签字，就可以无条件成为 B 航空公司的金卡会员。我问她怎么会有我的资料，她说 B 航空公司和 A 航空公司结成联盟，只要是一方的金卡会员，在另一方就可以免费成为金卡会员。

其实，竞争对手的 VIP 客户，如果在你的门店也能享受到同等或者更优惠的待遇，他很快就会成为你的 VIP 客户。

（7）免费试用

大家都知道宠物法则。它是讲如果给你一只小狗，试养一阶段后你肯定不会再退掉。2006 年左右，我们买手机，付款之前只能看到手机模板，付款之后才能看到真机。现如今，每个品牌的手机都有自己的体验店。这种免费试用，大大提高了人们对产品的体验感，无疑会提升产品的成交率。

（8）创新促销策略

创新促销策略，是指利用创新思维制订营销方案。很多门店一般都采用打擦边球的方式。例如，迎奥运本店折扣多少，世界杯法国获胜本店折扣多少……

（9）抽奖销售

这个抽奖要 100% 中奖，不能只是一个噱头，否则很容易让消费者认为自己被欺骗了。抽奖设置需要有不同的促销方式，如免费的小礼品，8折的优惠券，现金返还券等。

（10）有奖参与

有奖参与就是指让消费者参与到促销活动中，通过其自己的努力得到相应的回报，例如有奖问答。这种方式比直接的抽奖更有吸引力和效果。

（11）游戏参与

游戏参与就是要把促销活动娱乐化。现如今，人们的生活方式发生了巨大的变化，以前人们喜欢宅在家里看电视，现在年轻人更喜欢约朋友一起打游戏。人们的娱乐方式变了，那么促销方式也需要改变。例如，可以举办"英雄联盟"现场比赛，获胜者可以获得奖品。

（12）竞技活动

例如，玩骰子、投飞镖等等。骰子上面标好折扣的数字，投到哪一个折扣就享受相应折扣。

（13）公关赞助

现在人们的生活水平提高了，越来越多的人开始关注公益。所以，赞助公益事业也是一个比较好的促销方式，既能提高产品销量，还能为社会奉献爱心。例如，让城市的小朋友把旧衣服拿过来可以享受一定的折扣，然后把这些旧衣服送给灾区或者贫困区的小朋友。公关赞助需要经过合法、正规的流程，经过检验检疫才能实施。

（14）现场展示

通过某些方式的展示，把产品最好的一面展示出来。例如，滞销品穿在员工身上，或者找模特，穿上自己品牌的衣服出席一些活动，如车展、服装走秀等。

（15）顾客会员俱乐部

成立顾客会员俱乐部，首先要弄明白成立俱乐部的目的是什么，能够给会员什么帮助。比如说卖女性用品的，可以成立美容、美发、美体俱乐部，也可以成立持家、家教俱乐部。

（16）人员推荐

人员推荐，是指临促、人员促销等。如发传单，电话销售。

（17）经销商政策激励

经销商政策激励，一般都是采用返利的方式。例如，做到 30 万元的业绩返给 5 万元，做到 60 万元返 12 万元，等等。

（18）捆绑销售

这种促销方式，在超市最常见，例如买两瓶牛奶，送一个杯子。在门店同样适用，例如，买衣服加一元送一条裤子。

（19）限量特供

每个门店客流少的时间段是不同的。例如，A 门店 12 点到 13 点客流比较少，B 门店 18 点到 21 点客流比较少……在这些客流少的时间段，我们可以采用限时限量的促销方式刺激顾客。例如，12 点到 13 点，全店限量销售 30 件，一口价 D 元 / 件。

(20) 服务举措

服务举措是指，给消费者提供更好的售后服务。如终身保修、异地联保、免费护理等等。免费护理不一定仅仅护理自己的商品，也可以护理别人的商品。如果顾客拿着别家的商品到你的门店进行免费护理，一次、两次、三次以后或许就成了你的顾客。

现在，很多品牌已经提供上门服务，目的就是吸引更多的消费者。免费护理的目的，也是如此。当然，免费护理要在自己的门店的淡季进行比较好。淡季把服务做好，旺季的客流就能得到增长。

(21) 老顾客回访

对老顾客进行定期的维护、回访。例如，顾客两个月没有到店，就需要抓紧时间回访。定期回访老顾客是让顾客知道你还在关注他。当然，回访的内容不一定非要是产品信息，也可以是一些家长里短什么的。回访的目的主要是为了培养跟消费者之间的情感，建立信任关系。

(22) 社会热点炒作

针对社会的某个热点事件进行炒作。例如，某某品牌助你看奥运，奥运期间 × 折优惠……

(23) 产品概念炒作

例如，环保面料、纯天然，绿色、环保……

(24) 独家卖点炒作

很多产品都有自己的知识产权，我们要告诉顾客，让顾客知道只有在我们家能买到这样的产品。这种独特的卖点，无疑会吸引顾客。

(25) 顾客消费引导

如果想要让顾客在自己门店多留一段时间，可以采取消费引导的方式。比如，顾客进店给冲杯咖啡、倒杯茶等等。如果顾客旋即喝咖啡，你可以告诉他咖啡的最佳饮用时间是冲完后 15 分钟。也就是说，顾客听到你这么说，他在你的门店停留的时间最少是 15 分钟。

（26）免费咨询指导

我们都知道免费的目的是最终产生消费。例如，现在很多的免费现场讲座，你去听之前是不收费的，但是现场一定会销售给你东西。这也是一种比较好的促销方式，能让消费者懂更多的知识，进而促进产品成交。

4. 门店销售流程

所谓的门店销售流程，其实就是要求门店管理者对门店的整体销售活动进行分析、计划、执行和控制，从而实现原定的销售目标。此外，做好门店销售管理工作，也要求门店的店员，依照职业化的标准，为顾客提供满意的产品和服务，进而提升门店业绩。

作为管理者，要做好门店销售管理，前提一定是管理者要了解当前市场环境。简单地说，你要明白什么商品畅销，哪些商品的利润较高等，有助于你制订合理的营销方案。当然，业绩是人创造出来的，所以说销售人员的管理也是不容小视的。因此，在选拔人才的时候，要考虑对方的综合能力，是否有较高的销售素质很重要。而且不同人擅长不同工作，管理者要根据销售员的具体情况，让他们负责不同客户，做到合理利用人力资源。

通常情况下，销售工作展开前，需要制订销售的目标，并告知所有员工，让他们有努力的方向；同时引导他们将目标分解开来，一步步完成目标，从而保证销量。

值得一提的是，对人员实行效率控制很重要，管理者要关注他们的工作效率。例如，小李一个月之内接待了 10 名客户，但是最终达成销售的只有 3 名，效率很低。面对这样的情况，管理者应当引导员工分析其中原因，通过提高工作效率实现提高业绩的目标。

赵总开了一家健身中心。他发现，越来越多的人喜欢在业余时间学习舞蹈。他调查了几家规模较大的健身房，看到他们均开设了舞蹈课程，前来报名的人还不少。赵总想，虽然很多人开始学习舞蹈，但是跟风开设舞蹈班的中心也越来越多，之后的竞争压力会很大，不如自己开设一个瑜伽班。

果然，赵总的瑜伽班吸引了很多过来咨询和报名的人，他要求员工开始学习瑜伽知识，可以给来咨询的客户讲解练瑜伽的方法和好处。此外，赵总还发现，练习瑜伽的都是女性，如何从女性的角度出发，与客户进行沟通，是赢得她们信任的重要因素，所以在对员工的培训中，加入了相关技能的培训。

赵总将瑜伽班的销售目标定为每个月 10 万元，员工可以进行宣传促销，并且要求他们将接待客户、销售技巧和成交量记录下来。

每周一的销售例会上，赵总会对前一周的销售情况进行总结，并对员工进行表扬，提醒员工一些该注意的问题。在这种销售流程下，赵总的健身房营业额比预期的好很多。

所以说，门店在销售前一定要有销售目标。销售管理就是将目标分解开来，并且在实现目标的过程中，从人员选拔、配置到门店的促销活动，都要围绕销售目标进行，同时监控人员的销售过程，意在提高工作效率的同时，降低销售成本。为了达成门店销售目标，管理者需要遵守如下门店销售管理流程。

■ 做好门店探访计划

想要做好门店管理，制订一个切实可行的探访计划非常重要。例如，店门口是否清洁，橱窗摆放是否合理，店内设施是否齐全，等等。计划要逐级分解下去，形成每天的销售计划，并且把销售任务落实到每个店员身上。

表5-4-1 门店探访——门店形象考核表

评分说明： （1）70%或以上员工完全没做0分：门店形象维护较差，执行不到位，须做出具体整改计划；（2）50%以上员工有做但表现一般2分：门店形象维护基本达标，仍须注意细节改善；（3）70%以上有做且表现良好4分：门店形象维护到位，须保持，及对于有问题的事项跟进。

填表说明： （1）在每步里面评分的同时也可添加备注，因为空格较大；（2）考核标准后面的空白格的五格（打竖）分别填写：门店、名称、客户名称、探访日期时间、门店店长姓名、员工人数；（3）若评分中出现0分或者2分，须在该栏列出具体原因；（4）请评核人写上表现特别出色和特别需要改善的同事姓名及事件经过，在离开门店时请与该门店主管反馈整体情况并制定跟进时间和方法，并签名确认，评价后将表格整理、归档。

考核标准	门店1： 客户名称： 探访日期： 店长姓名： 员工人数：	门店2： 客户名称： 探访日期： 店长姓名： 员工人数：	门店3： 客户名称： 探访日期： 店长姓名： 员工人数：	门店4： 客户名称： 探访日期： 店长姓名： 员工人数：	门店5： 客户名称： 探访日期： 店长姓名： 员工人数：
店外观察：					
1.门店街道整洁（包括门口无垃圾，铁闸不张贴任何宣传维修标语）					
2.玻璃门头、小门头整洁，灯光正常开亮					
3.招牌射灯按要求正常开亮（晚上6点—7点开启至营业结束，视天黑程度而定）					
4.门口风帘机清洁干净，运行正常					

表5-4-1 门店探访——门店形象考核表

续表

橱窗				
1. 橱窗正确摆放推广物料，执行公司统一促销活动				
2. 橱窗灯箱画整洁、合时、尺寸正确、视觉效果佳，内打日光灯正常开启				
3. 橱窗射灯正常开启				
4. 模特按陈列指引进行搭配，模特穿公司统一模特鞋，并有饰品搭配				
店内观察：				
1. 新货上市吊牌齐全，按陈列指引跟进				
2. 货品熨烫平整，干净整洁并注意细节调整				
3. 形象画及宣传推广物料核实，摆放正确，画面视觉佳				
4. 货场冷气暖气温度正常				
5. 货场的灯都能正常开启，射灯投射正确				
6. 有播放当季的旅游宣传画面，播放当季的音乐，质量好，音量适中				
7. 按公司要求使用家私，家私正确安装无损坏				
8. 消防设备齐全，摆放正确（灭火器有效）				
货场清洁：				
1. 地板、地砖、地毯完好无损，地面干净				
2. 货架保持干净整洁，配件齐备				
3. 墙身及天花板平整光洁（没蜘蛛网及污迹）				
4. 试衣间整洁干净，沙发干净无损坏				
5. 没有使用损坏的衣裤架，衣架陈列统一朝向门口，衣架挂钩统一向左				
6. 玻璃镜子整洁干净				
7. 六叶花灯笼、贴画整洁干净				
8. 货场内不要堆放杂物及卫生用品				

门店
精细化管理

表5-4-1 门店探访——门店形象考核表

续表

收银台					
1. 收银台面及柜内干净整洁					
2. 收银台面的物料摆放正确（2.2米和1.6米摆放VIP招募立牌和5本季刊/1.3米只放VIP立牌）					
3. 收银柜摆放整齐					
4. 收银台正面六叶花灯笼内的灯光开亮					
总平均分					

■ 销售气氛管理

门店的销售气氛是吸引顾客的重要因素，不管是门店内外、休息区，还是店内的装饰、音乐等，都会影响顾客的情绪，管理者要为顾客营造良好的购物氛围，激发他们的购物欲望。

众所周知，门店会经常举行促销活动，如果在活动期间，商家在门店内外贴上有鲜明色彩的海报、吊旗，顾客的目光会很快被吸引过来。此外，还可以为某些商品贴上"店长推荐"的字样，使得商品更加醒目，或者设立一个"特价商品摆放区"，提升门店的销售氛围，吸引更多的消费者。

■ 完善销售报表

管理者可以要求导购员在每天下班前编制一张"日销售报表"，上面写明当天销售的货物名称和数量。这样一来门店的销量如何，都可以通过报表反映出来。在举行销售例会的时候，销售报表会成为重要资料，管理者要分析报表背后所反映出来的问题，针对每个问题，寻找解决方法。

所谓销售，简单来说，就是将产品卖给需要的顾客。不同产品的客户群不一样，想要保持销路畅通和销售量，管理者不仅要设计出不同类型的产品，还得通过沟通，让顾客认同并喜欢它们。所以说，在销售的过程中，宣传也很重要。管理者不妨设计一些活动，让更多顾客了解产品的内在价值，让他们看到价格背后的内涵。

此外，作为销售方，管理者还要时时揣摩顾客的心理，在与他们沟通的时候，尽可能发掘对方最深层次的需求。例如，门店正打算为一批保暖内衣做活动，在宣传的时候，除了让客户知道产品价格有优惠外，还得激发他们的情感共鸣，使客户想到自己为家人购买产品是关心的表现。

李女士的门店销售各种式样的窗帘，正值六一儿童节，她推出了一系列促销活动。第一，卡通系列的窗帘全部8折优惠，如果购买当天小朋友也在场，还额外赠送礼物；第二，举行一场"快乐童年"的游戏活动。李女士设计了一些亲子小游戏，优胜者可以获得折上折的优惠卡。

这个新颖的活动吸引了不少参与者。店员在介绍产品的时候，用更多语言描述了卡通窗帘能够给孩子们带去很多童年回忆，却很少提及价格。

李女士把这次促销活动的主题定为：美好的童年。主要是为了让孩子们沉浸在快乐氛围中的同时，也感染家长，让他们了解到，为孩子挑选一款心仪的卡通窗帘，是在为他们创造快乐。

可见，**产品背后的意义，比价格上给出优惠条件更吸引人。**因此，管理者不妨从这个角度出发，将如何用产品的价值打动客户作为销售的起点，引导员工多站在顾客的立场上想问题，进而为顾客提供更满意的产品和服务。一般情况下，要想提高销售业绩，店员需要遵守以下销售流程。

（1）了解顾客的"心声"

产品的最终使用者是顾客，如果产品可以反映他们的"心声"，则容易受欢迎。

某次，我去朋友的服装店做客，半小时之内有七八名顾客选走了心仪的服装。其中一位顾客的话引起我的注意："这家商店的老板总是这么有眼光，衣服都非常漂亮。"朋友说："我的目标客户群是有高消费能力的人，他们希望穿在身上的衣服能体现出气质和品位。在进货的时候，我会选择式样新潮、质地优良的服装；在向顾客介绍衣服的时候，也会重点突出服装所体现出来的档次，自然能吸引顾客。"

当你知道了目标客户群后，就要去了解他们的需求，而这种需求就是对方的"心声"。也就是说，**你的产品越接近他们的心声，就越畅销。**所以，对于店员而言，销售的第一步不是介绍你的产品，而是要听懂顾客的心声。

（2）**让顾客看到价格之外的意义**

一般情况下，当销售进入最后阶段时，买卖双方常会在价格方面遭遇"分歧"，甚至原本想要买的产品，顾客会因为不能接受较高的价格而放弃购买。所以说，**如果想要保持销路畅通，就得让顾客看到价格以外的东西，让他们觉得物有所值。**这就是销售流程的第二步，让顾客看到价格之外的意义。

例如，母亲节将至，你可以组织一些促销活动，以节日为主题，让顾客沉浸在浓浓的氛围中，让他们觉得，一定要为母亲选一份礼物，这是在表达自己的孝心。

为了销售顺利进行，管理者可以充分利用每一个节日，或是赋予产品本身更多情感，不仅有助于淡化客户的价格意识，还能让销售过程变成一次美好的情感体验，对增加"回头客"有重要帮助。

（3）把产品推荐给适合它的顾客

经过调查发现，尽管很多门店为顾客提供了多种选择，但还是会遇到销路不畅的情况，原因便在于导购员没有将产品推荐给适合它的顾客。我曾经这样回答一位遇到同样问题的老板："告诉你的员工，当顾客走进商店时，先对其进行观察，然后询问对方的需求，询问要尽可能详细，然后列出几种选择，给顾客一点时间，让对方想想自己需要什么。"

有时候，顾客走进商店时，会很茫然，如果导购员可以将适合他们的产品列出来，对方便会把更多注意力放在产品上，对销售工作有很大帮助。

想要商品销售得好，不仅仅是要将受客户欢迎的商品引进门店，还得通过一定销售技巧，最终达成买卖。

对于门店管理而言，一个完善的销售流程，不仅能让管理者的管理工作和员工的销售工作顺利进行，还能有效提高成交率，提升门店业绩。

第六章
门店客户管理系统

- 门店VIP客户现状与分类

- 门店VIP管理六大关键动作

随着市场的不断发展，门店与门店之间的竞争越来越激烈。这种竞争从本质上说就是门店的客户与客户之间的竞争，而在这些客户的竞争中，最关键的是VIP客户。所以说，企业要想加强自己的竞争力，在市场上取得一定的位置，就要做好门店的客户管理系统。首先，门店管理者要对门店VIP客户的现状进行分析，并要对这些客户做出归类。其次，门店管理者要采取六大关键动作唤醒这些客户，让他们为门店创造更多的效益。

1. 门店VIP客户现状与分类

■ 门店 VIP 管理现状

现在，虽然很多门店都有 VIP 客户，但是我们发现他们的 VIP 客户资料十分混乱，即便能够收集相关的数据，也很少会对这些数据进行深入分析，挖掘数据背后潜在的问题和秘密。因此，这些资料也就成了摆设，无法帮助门店分析顾客需求，提供 VIP 顾客满意的产品和服务，最终导致无法有效提高门店业绩。但是，**VIP 客户是门店的核心竞争力，因此对于想要提高业绩的门店来说，做好 VIP 客户的管理是十分必要的。**

我曾经去一家门店调研。我问店长："你们门店的 VIP 客户有多少？"店长说："30 多万。"我接着问："一年以来重复在门店消费的 VIP 客户是多少？"店长跑到电脑旁边，最终给我的答案是 3000 人。于是，我就告诉店长，30 多万人中只有 3000 人才是你的客户，其他的是别人的客户，你只是做了一下登记而已。

所以，对于很多门店来说，虽然有很多 VIP 客户，但是他们并没有对这些人进行良好的管理，增加更多的销售额。现如今，社会经济已经进入了粉丝经济时代，让你的消费者变成你的粉丝，是门店管理者应该着重思考的问题。例如，某手机品牌拥有三个社区，分别为腾讯、新浪和天涯。这为其吸引了不少粉丝，它在每个社区拥有的粉丝数量为 4000 万人左右。当它的新品在三个社区进行秒杀活动的时候，很多粉丝都说根本抢不到。这就是新时代粉丝经济的力量。

讲个最简单的例子：我的粉丝数量是 12000 人左右。我写一篇文章发表，让认为文章写得好的粉丝进行打赏。结果，我收到的打赏奖金 10000

元。试想一下，如果我的粉丝达到 30 万人。然后，我录一段讲课的视频给他们听，让觉得好的粉丝进行打赏。如果一个人打赏 1 元钱，我可能就会收到 30 万元打赏。所以，不要低估任何一个消费者的力量。只要他们能成为你的粉丝，销售额自然不会成问题，并且他们会主动成交。

我之前还了解过一个平台，它的注册会员是 60 万。这个平台每天都会给会员推送一些管理干货知识。会员需要付出的是 10 元 / 月的会费。也就是说，这个平台每个月的收入达到了 600 万元。

所以，综上，对于管理者而言，在考虑如何提高销售额的同时，更要了解我们处于什么样的时代，未来的趋势如何，未来的经济是什么经济。面对粉丝经济时代的到来，我们应该怎么做呢？我们要牢牢抓住 VIP 客户，做好 VIP 客户的管理工作，让客户成为自己的粉丝，为门店创造更多的收益。

■ 门店 VIP 管理分类

什么是 VIP 客户？对于门店来说，经常到店消费的顾客才是 VIP 客户，不是办张 VIP 卡就成了 VIP 客户。因为，很多所谓的 VIP 客户，办完卡以后可能一辈子都不会再光顾。但是很多门店认为，只有办了卡的客户才是 VIP 客户，于是忽略了那些经常光顾的忠实客户，导致门店销售额降低。所以，做好门店 VIP 客户管理的前提是，要让店员清楚地知道什么是真正意义上的 VIP 客户。同时，要让店员知道，VIP 客户的管理分类，以便有针对性地为 VIP 客户服务，进而提高销售额。

一般情况下，很多公司会把 VIP 客户分成不同的等级，例如，钻石卡、白金卡、金卡等。但是，我们可以用新的方式，可以按照 VIP 客户消费次数和消费金额来划分，从高等级到低等级依次为 ABCD 四类。消费次数多、消费金额高的顾客，是 A 类客户；消费次数高、消费金额低的顾客是 B 类客户；消费次数低、消费金额高的顾客是 C 类客户；消费金额低、消费次数少的顾客是 D 类客户。之所以把消费金额低、消费次数高的客户定位为 B 类客户，是因为一旦产生附带销售，消费金额就上去了。而针对 C 类客户，则需要经常邀约。

那么，如何界定客户的消费次数和消费金额高低呢？这就需要给所有的 VIP 客户进行排名，并按照消费次数和消费金额分别排名。然后对这些客户进行分类管理，提供有针对性的服务。

例如，针对 A、B 类客户，门店必须制定个性化的短信进行发送。对于 A、B 类客户，短信的内容不要都是产品信息、促销信息，因为，他们经常到门店来。针对 C 类客户，门店要定时发送产品信息和促销信息。针对 D 类客户，群发短信就行。

所以，针对 VIP 客户的管理，不是办一张 VIP 卡就可以。作为门店的管理者，我们需要激活这些 VIP 客户，设计有针对性的促销活动，并对这些 VIP 客户分类进行管理，给他们提供能够满足需求的商品和服务，进而促进产品成交，提高门店销售额。

■ 门店 VIP 管理两大要点

随着粉丝经济时代的到来，如何做好门店 VIP 客户管理，成为门店管理者需要关注的重点问题。

很多公司也注意到了粉丝经济越来越重要，但是即使有这样的想法，没有相应的策略和手段去圈住这些客户，也是没有任何意义的，甚至还会

适得其反。例如，有的公司为了维护 VIP 客户，给客户发去促销信息，结果让顾客反感，让粉丝的数量变得越来越少。

我曾经在自己的微信公众号平台做了一个实验，在公众号平台推送了一条广告信息。结果，粉丝的数量在短短三天的时间内，迅速减少了 300人。所以说，这种单纯推销产品的广告信息，是无法维护你的 VIP 客户的。因此，管理者一定要找到相应的策略和手段去维护你的 VIP 客户。

在 VIP 客户管理中，有一种管理方式叫 VIP 的专属品。什么叫 VIP 的专属品？

前段时间，我们去某一餐厅吃饭。点餐的时候，一道标价 38 元的菜品被服务员告知不能卖给我们。通过和服务员的沟通，我们才了解到，这道菜只有 VIP 客户才能享受。我朋友坚持要吃那道菜，说无论什么价格都可以。结果，服务员告诉他，如果不是 VIP 客户，无论什么条件那道菜品都不能享受。最后，我朋友没办法只好办了一张 VIP 卡。

这就是 VIP 客户的专属品。它是一种个性化的 VIP 管理方式，更能吸引顾客，促进消费。但是，现在很多公司，不但没有个性化的服务，反而都在无形地伤害自己的 VIP 客户。有的时候商场做活动，全场 8 折，但是门店 VIP 卡却不能享受折上折。甚至，商场的 VIP 卡和门店的 VIP 卡在很多时候都出现冲突。例如，商场 VIP 客户享受全场 8 折优惠，然后门店 VIP 客户享受门店 8 折优惠，结果同时拥有商场 VIP 卡和门店 VIP 卡的客户却不能同时享受他们的折扣。也就是说，即使两张 VIP 卡都持有，也享受不了折上折。所以，目前很多终端门店的 VIP 客户管理方式，不仅没有给客户带去温暖，反而无形中在伤害自己的 VIP 客户。

所以说，门店管理者在做 VIP 客户管理的时候，一定要制定完善的系统，既要有标准化的管理模式，也要有创新型的管理模式，以此激活和吸引更多的 VIP 客户。那么 VIP 客户该如何设置和管理呢？一般情况下，VIP 客户的管理需要遵循两大要点：个性化管理和人性化服务。

（1）个性化管理

个性化管理是指在标准的管理基础上，运用一些顾客意想不到的方式。例如，给顾客送礼，顾客生日送什么，中秋节送什么，春节送什么……很多门店的做法是生日送购物券。但是一般这个购物券的金额不大，顾客需要补上大部分的差价才能购买到门店的商品。这无疑会让顾客觉得，根本不划算，也没有任何的惊喜之感。有的门店会说，那就直接送生日蛋糕。但是，每个人的生日都会提前订一个自己喜欢的生日蛋糕。结果你的蛋糕有可能和顾客订的重复了，或者不是顾客喜欢的类型。

所以，我们送礼物之前，一定要想明白是你想送，还是顾客想要。如果礼物仅仅是你想送，那么一点效果都没有，甚至会适得其反。如果礼物是顾客想要的，那么一定会赢得客户的心。因此，在提供个性化管理之前，首先，我们要深入了解顾客，知道他们的需求。例如，你的顾客群体是小孩，那么礼物的设置肯定是玩具。如果是男童服装店，送一些玩具车、玩具枪就比较合适；如果是女童服装店，送一些芭比娃娃、精美头饰比较合适。

顾客生日送什么呢？如果顾客喜欢打乒乓球，你就送一副球拍；如果顾客喜欢打羽毛球，你就送一套羽毛球拍；如果顾客喜欢打高尔夫球，肯定是不能送高尔夫球杆。但是，我们可以送他一套水晶制作的高尔夫套装模型，当然也不能送施华洛世奇水晶。特别昂贵的东西成本高，而且效果

未必有小物品更能打动顾客的心。

中秋节，送顾客什么呢？很多人说送月饼。即使送月饼，也要印上一些包含顾客姓氏的祝福语。要突出个性化的特征，让顾客感受到不一样的待遇。

春节送什么呢？很多人送台历。但是，我想没有人会缺少台历。即使送台历，也要个性化。有一个公司，送给顾客的台历是在每个月的背面印上顾客一年中最珍贵的12张照片，这就非常有纪念意义。

除了这些传统的节日礼物外，我们同时还需要注意如何给顾客发短信。一般情况下，我们会发现，群发的消息我们基本上不看，会直接删除，因为没有任何情感。所以，短信也需要个性化。发短信该如何个性化呢？我记得有一年感恩节，我给客户的短信是这样的："一个人走路会使我走得更快，结伴而行会让我走得更远。感谢您，我的朋友，陪我度过这么多年的风风雨雨。邰昌宝。"结果，10分钟过后，我收到了一条同样的短信，连落款的我的名字都没有改。人们发短信习惯性地复制、粘贴，原创很少。这样的消息，看了反而让我更难过。

而我曾经也收到过一条非常好的短信："邰老师，我今天升为店长了。感谢您这么多年对我的支持与照顾。某某品牌某某人。"看到这个短信，我第一时间回复了他。因为这条信息是发自内心的感谢，很真诚，能打动我。所以个性化的信息其实并不难，只要你自己真诚地给对方编辑一条短信即可。

个性化的短信什么时间发比较合适呢？如何辨别顾客什么时间有空呢？这就需要充分地了解顾客进店购买商品的时间。如果这个顾客多次进店的时间都是下午两点左右，那么他在下午两点左右比较清闲，以后就锁定下午两点给他发短信。

总之，个性化管理，其实只要掌握一个技巧：利他心理，即满足顾客的需求，给顾客想要的。

(2) 人性化服务

所谓的人性化服务，就是解决人们不方便的问题。例如，我们拉着拉杆箱进一家机场土特产门店购买东西，一只手拉着箱子，一只手挑产品，结果肯定买不了几件商品。但是，如果进店的时候，导购员跟你说他帮你拉箱子，你挑的东西肯定多一点。所以，解决顾客的不方便，就叫人性化服务。

有一次，我去一家门店买东西，它需要脱掉鞋子才能进去。离开的时候，我发现自己鞋子的方向已经被服务员转向方便我穿鞋的方向。这就是典型的个性化服务。

我们住酒店会发现，四星级以下的酒店的花洒一般都会朝外，五星级酒店的花洒绝对会是朝着墙壁的。因为，朝墙壁是为了把管道里面的凉水放掉。另外，人性化酒店的卫生间，无论放了多少热水洗澡，镜子里面总是会有一个区域不会被雾水覆盖。这些细节的处理，就是个性化服务最好的体现，也是最能打动顾客的地方。

记得有一次，我去一家公司讲课。离开的时候，客户比较忙没有时间送我，于是就委托酒店司机把我送到机场。送到机场的时候，酒店的司机跟我说："邬老师，只要您下次再来上海，我们酒店提供免费接机服务。"

半年左右，我再次出差上海。我就打电话给这个酒店的人员，告诉了他们航班信息。我到机场的时候，酒店司机已经在出站口等候。到酒店门口的时候，司机跟我说："邬老师，这次接机服务是没有条件限制的。您可以选择住

在我们酒店，也可以选择住在其他的酒店。如果您选择住在其他酒店，我带您过去。作为同行，我们还可以试着帮您争取折扣。"人家服务这么好，我没有选择改变计划。

进了酒店，走到前台，前台接待员跟我说："邰老师，您好。系统显示，某月某日你是住在某某房间。这次，您是还住在这间，或者是重新给您推荐一间？"我没有犹豫就选择了以前住过的那间。

刚出电梯，一位保洁阿姨对我说："邰老师，是吗？"得到我的肯定回答，她说："邰老师，右手第二间就是您的房间。"

这才是人性化服务，让人没有拒绝你的理由！

还有一次，我到威海的一家门店出差。当时，正好一对韩国夫妇在选购衣服。那对韩国夫妇进店半小时以后没有选到合适的衣服就准备离开了，离开之前对着店员深深地鞠了一躬："对不起，耽误您时间了。"当时，门店的所有店员都愣住了，也忘了回话。

那对韩国夫妇走后，一位店员跟我说："邰老师，这对韩国夫妇真懂礼貌。"我说："既然你能说出这句话，就说明他们给你留下了深刻印象。"

接下来，我在给他们培训的时候就把韩国夫妇的行为说了一遍。然后，我告诉他们，如果店员能够在顾客离开的时候跟顾客说："对不起，耽误您这么长时间也没有选到合适的衣服。希望您下次过来能够选到合适的衣服。"那么，顾客下次来逛商场一定会进你的门店看一看。

对于老顾客，管理者要做到所有的店员都熟悉他们的资料。这样，店员提供的服务才能做到人性化。

总而言之，随着时代的发展，人们的生活方式和购物习惯已经发生了很大的变化。因此，门店管理者对 VIP 客户的管理也需要突破传统的标准管理模式，即在标准基础上，创新个性化管理和人性化服务，进而吸引更多的顾客购买你的产品。

2. 门店VIP管理六大关键动作

对于终端门店来说，VIP 客户无疑是门店赖以生存的基础。虽然门店 VIP 的数量不多，但是他们却能够给门店带来可观的收益。因此，对于门店管理者来说，要提高门店业绩，就要做好 VIP 客户的管理工作。那么要如何做好 VIP 的管理工作，让他们源源不断为门店带来利益呢？

美国著名心理学家马斯洛将人类的需求分为五个层次，分别是：生理需求、安全需求、社交需求、尊重需求和自我实现需求。马斯洛认为，每个人都会有这五个层面的需求，但是每个人对这些需求满足的程度都不同。有的人可能已经实现了自我实现需求，但是有的人仍然停留在最基本的生理需求上。并且，人们会不由自主地，从最低需求向最高需求迈进。

当人们的需求不断向上一个层级变化时，要满足人们的需求就变得越来越难。对门店来说更是如此。当 VIP 客户的需求向更高层级迈进时，门店管理要满足其需求就成了一件并不容易的事情。一旦 VIP 客户的需求没法满足，他们就会进入沉睡状态。因此，门店管理者要想做好 VIP 客户的管理工作，让他们带来可观的利益，就要通过唤醒、激活、"策反"、回访、挽留、关怀等六大关键动作，让 VIP 客户从沉睡中苏醒过来。

■ 唤醒沉睡的客户

什么是沉睡客户？沉睡客户是指在门店购买商品后，超过一定时间未回来购买的客户。要唤醒这种顾客并非一件容易的事情，因为长时间未到门店购买商品的沉睡客户，基本上是销售生命周期已经走到最后的老客户。他们因为各种原因，对门店的产品已经失去了信心。要唤醒这部分顾客，就等于让"死去"的顾客"复生"。但是唤醒沉睡客户是门店管理必须做，并且要做好的事情，因为它关系到门店的收益。

一般来说，要唤醒这些沉睡的客户，可以从以下几个方面入手去做。

打电话。 不定期给客户打电话。通话内容不一定要跟产品有关，避免让客户认为你是在推销产品，尽量说一些关心客户的话，如"之前购买的产品使用感觉如何""是否需要提供其他帮助"。

发短信。 同样，短信内容不要让客户误认为你在推销，要让顾客感受到企业的关心，如客户生日时送上祝福。

提供客户感兴趣的产品和服务。 客户沉睡的原因，主要是门店现有的产品已经无法满足他们的需求。因此，除了电话和短信外，门店管理者要重视的是，如何设计出满足顾客需求，让他们感兴趣的产品和服务。

唤醒沉睡VIP客户的关键是，要让客户感受到企业的关心，并要满足他们逐渐向上一层次迈进的需求。例如，现在有一位老VIP客户，因为门店的产品已经满足不了其社交需求，那么门店要唤醒这位客户，就要提供满足其需求的产品和服务，以此来唤醒他。

■ 激活挂起的客户

激活门店挂起的客户相对于激活沉睡客户来说比较简单。何为挂起客户？举个例子，我们在使用电脑的时候，为了加快电脑的运行速度，会让一些不常用的程序处于"挂起"状态。这些挂起的程序看上去好像已经没有在运行，但是只要后台一个指令，它就能立马运行。这种被挂起的程序，很容易被我们忽略。在门店VIP客户的管理中，也是如此。

因为门店VIP客户管理不完善，导致很多客户被挂起。这些客户像被

挂起的程序一样，他们不会主动、积极地参与到门店的运营中，但是只要我们一个"指令"，就能调动他们的积极性，让他们踊跃参与到门店的经营活动中。

如何给出"指令"？一般来说，最简单直接的"指令"就是打电话。但是打电话并不是直接要求长期没有到店里购买产品的客户来消费，而是间接发出邀请。例如，打电话的时候，我们可以将新产品的相关信息告知客户，并将 VIP 客户独享的优惠活动或赠送小礼品告知客户，让客户既能了解产品信息，也有一个不得不上门的理由。

通常来说，客户被挂起，主要是因为一些问题没有得到解决，如产品质量问题、员工服务态度问题等。因此，这就要求门店管理者要善于发现客户的问题，并及时解决他们的问题。

■ "策反"对手客户

要想在市场中站稳脚跟，门店管理者要关注的并非"利益"，而是你的客户，因为创造利益的人是客户。而要获得更多的客户，创造更多的利益，就要学会通过一定的竞争手段，从对手那里挖掘 VIP 客户。

客户之所以会对某一品牌忠诚，是因为没有出现比该品牌更能满足他需求，更令他感兴趣，更有诱惑力的另一品牌。这里的诱惑力，即客户在购买产品时考虑的各种因素，如客户自身的动机、产品的性能、外部环境等。**要想"策反"成功，就要抓住对客户能够产生吸引力的信息点，满足客户的需求，成功"俘获"客户。**

但是这里需要门店管理者注意的是，"策反"对手客户不能"强拉硬拽"，不能使用恶劣的"低价竞争"手段，更不能诋毁你的对手，这样只会让客户反感你的行为，而是要注意一定的方法。"策反"对手 VIP 客户是一个长期持续的过程，因此前期要投入更多的情感和资金。例如，加大力度宣传公司产品的特点，或者通过相关的信息渠道获得对手的相关信息，跟对手最近的相关活动进行比较，制订更完善的产品营销计划。

■ 回访存量客户

如何回访存量客户，提高门店的访问率，是很多门店管理者急需解决的问题。何为存量客户？存量客户是指某个时间段里原先已有的客户，与新增的客户相对应。门店当前的存量客户，从某种程度上来说，能够决定当前门店的盈利程度。但是存量客户不是一成不变，如果不定期回访，他们的积极性就会消退，很容易变成被挂起客户和沉睡客户。因此，门店必须定期对存量客户进行回访，确保客户的活跃程度，让他们能够始终处于清醒的状态。例如，门店管理者可以规定，店员要定期对存量客户进行跟踪回访，回访方式可以是短信、电话等。

■ 挽留受伤客户

试想一下，什么情况下我们会不想再去一家店购物？一定是在那家店受到了很深的"伤害"。例如，我们在一家店买了一条裤子，但是很快发现这条裤子开线，于是我们回到店里，找店员协助解决这个问题。但是店员却说这个问题是个人原因导致的，没有办法调换。这样做显然会让我们感到很不满意，于是决定再也不去那家店买衣服。很明显，裤子的质量问题已经在我们心里留下阴影，而店员的态度又让我们受到更深的伤害，而这种伤害会深深烙印到客户心里，导致客户流失。因此，为了避免这种情

况出现，管理者应该留意客户的任何问题，并及时帮助客户解决问题，尽量减少对客户的伤害，挽留他们的"芳心"。

■ 关怀新老顾客

很多门店对客户的管理，要么很注重新客户，要么很注重老客户，最终导致新老客户都认为门店的管理做得不够细致和人性化，进而严重影响门店的业绩。因此，门店管理者要做到关怀新老客户，让他们共同为企业创造更多的效益。

但是，并不是说他们之间必须做到同等的关怀。门店管理者应该遵循管理学里面的"二八原则"，即重点关注 20% 的老 VIP 客户，如定期拜访，送小礼物等。而对于新加入的客户，关怀相对来说要少些。例如，可以电话、短信关怀，门店做活动时通知他们领取礼物等。这样做，也避免了刚开始过于热情导致客户反感。

对于门店管理者而言，要想提高门店的业绩，就要唤醒所有的客户，让他们积极参与到门店的经营中。而唤醒、激活、"策反"、回访、挽留和关怀，已经全面覆盖了所有 VIP 客户的特征。如果门店能够学会利用这六大动作，一定会使 VIP 客户的数量不断增长，企业的业绩不断上升，让门店在市场中能够获得更稳的地位。

记事本